W. Wattenbach, G. Grandaur, M. Laurent

# Die Lebensbeschreibungen des hl. Willibrord, Gregors von Utrecht, Liudgers und Willehads von Bremen

Europäischer Geschichtsverlag

W. Wattenbach, G. Grandaur, M. Laurent

# Die Lebensbeschreibungen des hl. Willibrord, Gregors von Utrecht, Liudgers und Willehads von Bremen

1. Auflage | ISBN: 978-3-73400-642-5

Erscheinungsort: Paderborn, Deutschland

Erscheinungsjahr: 2015

Europäischer Geschichtsverlag ist ein Imprint der Salzwasser Verlag GmbH, Paderborn.

Nachdruck des Originals von 1888.

W. Wattenbach / G. Grandaur / M. Laurent

**Die Lebensbeschreibungen des hl. Willibrord, Gregors von Utrecht, Liudgers und Willehads von Bremen**

egv

# Die Lebensbeschreibungen
## des heiligen Willibrord, Gregors von Utrecht, Liudgers und Willehads von Bremen.

---

(Geschichtschreiber. VIII. Jahrhundert. Dritter Band.)

---

# Die Geschichtschreiber der deutschen Vorzeit.

## Zweite Gesammtausgabe.

### Achtes Jahrhundert. Dritter Band.

Die Lebensbeschreibungen des heiligen Willibrord, Gregors von Utrecht, Liudgers und Willehads von Bremen.

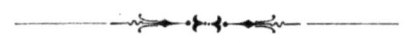

Leipzig,
Verlag der Dyk'schen Buchhandlung.
1888.

# Die Lebensbeschreibungen

## des hl. Willibrord, Gregors von Utrecht, Liudgers und Willehads von Bremen.

Nach den Ausgaben der Monumenta Germaniae

übersetzt von

W. Wattenbach, G. Grandaur, M. Laurent.

Leipzig,
Verlag der Dyk'schen Buchhandlung.
1888.

# Vorwort.

Dieses Bändchen enthielt in der ersten Auflage nur das Leben des Bischofs Willehad. Aber wegen der außerordentlichen Wichtigkeit, welche die Thätigkeit dieser angelsächsischen Sendboten für die deutsche Kirche gehabt hat, und namentlich wegen des großen Einflusses der Utrechter Kirche auf die Pflanzung des Christenthums in Sachsen, ist es mir wünschenswerth erschienen, die Schriften hier zusammenzustellen, welche gerade hierfür besonders lehrreich sind, wenn sie auch weit entfernt sind, unseren Wünschen zu genügen. Aber man darf ja nie vergessen, daß die Verfasser dieser Lebensbeschreibungen wesentlich nur einen erbaulichen Zweck verfolgten, indem sie den Angehörigen der betreffenden Kirche ein Vorbild christlicher Tugenden hinstellten und ein solches auch Fremden als glänzendste Zierde der eigenen Genossenschaft vorführten. Eigentliche Geschichtswerke sind wir daher nicht berechtigt zu erwarten, und müssen dankbar anerkennen, wenn gerade die Missionsthätigkeit doch solchen Lebensbeschreibungen einen reicheren geschichtlichen Inhalt verschafft.

Zunächst war es das Leben Liudgers, welches W. Diekamp ungern in dieser Sammlung vermißte, und nachdem er den lateinischen Text herausgegeben hatte, erbot er sich zu einer deutschen Bearbeitung. Aber sein früher Tod — er erlag in

Rom am Weihnachtsfeste 1885 im Alter von 31 Jahren dem Typhus — hat mit vielen anderen Hoffnungen, welche sich an ihn knüpften, auch diese vereitelt. Er hatte sich auf meinen Wunsch bereit erklärt, auch das Leben Willibrords und Gregors von Utrecht damit zu verbinden, weil erst diese Vereinigung die Anfänge der Utrechter Kirche und die von dort für die sächsische Mission geübte Thätigkeit deutlich erkennen läßt. Willehad gehört derselben Richtung an und ist aus denselben Kreisen hervorgegangen; er lebte und starb etwas früher als Liudger, aber der enge Zusammenhang der übrigen Schriften ließ es doch als zweckmäßiger erscheinen, seine Lebensbeschreibung am Schlusse folgen zu lassen.

Berlin im Mai 1888.

W. Wattenbach.

# I.

# Das Leben des heil. Willibrord von Alkuin.

## Uebersetzt von W. Wattenbach.

# Einleitung.

Willibrord, der Apostel der Friesen und erster Bischof von Utrecht, hat, wie der heil. Gallus, einen Biographen gefunden, welcher als ungelehrter Schottenmönch bezeichnet wird[1], und sein Werk erschien so mangelhaft und namentlich von so roher und fehlerhafter Sprache, daß bei fortgeschrittener Bildung eine neue Bearbeitung unerläßlich schien, und jenes ursprüngliche Werk, welches für uns so werthvoll sein würde, unterging. In der Zeit Karls des Großen ertrug man eine solche Legende des Stifters nicht mehr, und Beornrad, Erzbischof von Sens und Abt von Echternach von 777 bis 797, wandte sich mit der Bitte um eine neue Bearbeitung an den damals so sehr gefeierten Alkuin, welcher, ehe er auf Karls Aufforderung ins Frankenreich kam, der Domschule zu York von 766 bis 782 vorgestanden hatte, für jene Zeit sehr gelehrt war und für einen Meister der lateinischen Sprache galt. Nichts ist bezeichnender für die großen Erfolge der Bemühungen Karls um die Hebung der Bildung seines Volkes, als daß, was am Anfang seiner Regierung so sehr bewundert wurde, in seiner späteren Zeit von den Franken selbst weit übertroffen wurde. Denn Alkuins Schreibart ist sehr mangelhaft und selbst recht grobe grammatische Fehler sind darin nicht selten. Aber damals galt es für ein ganz besonderes Glück, wenn er seine Feder zu der Verherrlichung des Schutzheiligen lieh; für den Kanzler Rado

---

[1] Thiofrid, Abt von Echternach, welcher im Anfang des zwölften Jahrhunderts das Leben Willibrords neu bearbeitete, sagt davon: Primo quidam linguae ac gentis Scotticae aggressus tanti viri gesta describere, rustico stilo detrivit dignitatem historiae. Das ist die einzige Erwähnung der Schrift.

schrieb er das Leben des heil. Bedast, auf Angilberts Bitten das Leben des heil. Richarius. Es sind das nur stilistische Arbeiten, und eben das war es auch nur, was von ihm gewünscht wurde. Willibrord aber zu feiern unternahm er um so lieber, da er selbst mit ihm verwandt war, und der von Willibrords Vater Wilgils gegründeten Zelle vorstand. So verkündete er denn sein Lob zuerst in einem epischen Gedichte, welches in der Klosterschule gelesen werden sollte; dann aber verfaßte er auch die eigentliche Legende, welche den Mönchen in der Kirche vorgelesen werden sollte. Daraus erklärt sich der erbauliche Ton, doch verräth es den Mangel an geschichtlichem Sinn bei Alkuin, daß er so gar wenig von der Stiftung des Klosters und von der Errichtung des Bisthums Utrecht berichtet, nichts erwähnt von dem durch Egbert ihm gewordenen Auftrag zur Bekehrung der Friesen, Bonifatius gar nicht nennt. Für ihn sind die Hauptsache, außer allgemein gehaltenen Lobeserhebungen, die Wundergeschichten, welche verschiedene für Zeit und Gegend characteristische Umstände enthalten. Vermuthlich hat er diese und überhaupt den größten Theil des Inhalts dem Werk des alten Schottenmönchs entnommen, welches er aber gar nicht erwähnt; nur am Anfang sieht man, daß er aus eigener Kenntniß berichtet. Die in der Anmerkung angeführte wichtige Stelle aus Beda, welche ihm nicht unbekannt sein konnte, hat er gar nicht benutzt.

Bei der Uebersetzung ist die phrasenreiche Widmung fortgelassen, und die an dem Grabe des Heiligen geschehenen Wunder glaubten wir ebenfalls bei Seite lassen zu dürfen.

Herausgegeben ist die lateinische Biographie im 6. Band der Bibliotheca von Jaffé, wo nach den ältesten Handschriften die ursprüngliche Form hergestellt ist; die spätere Bearbeitung von Thiofrid hat L. Weiland in den Mon. Germ. SS. XXIII. theilweise herausgegeben.

1. Es war in der Insel Brittania, in der Northarhum=
branischen Provinz, ein Hausvater von sächsischer Abkunft, Wil=
gils mit Namen, welcher mit seiner Hausfrau und mit seinem
ganzen Hause ein frommes Leben in Christo führte, was später
auch durch Wunder bezeugt wurde. Er verließ sein weltliches
Gewand, um sich dem Mönchsstand zu widmen, und nicht
lange nachher, da der Eifer zum geistlichen Leben in ihm noch
heftiger sich entzündete, ergab er sich in verstärkter Hingabe
dem strengen Leben als Einsiedler, auf den Vorgebirgen, welche
von dem Ocean und dem Flusse Humber umspült werden. Da
lebte er lange Zeit in einem kleinen Bethause, welches dem
Namen des heil. Andreas, des Apostels Christi, geweiht war,
und diente Gott mit Fasten, Gebet und Nachtwachen, so daß
er auch durch Wunder berühmt und sein Name weithin ge=
feiert wurde. Auch ließ er niemals ab, die Volksmenge, welche
ihm zuströmte, durch süße Ermahnungen aus Gottes Wort zu
belehren. Aber auch bei dem Könige jenes Volkes und bei den
Großen wurde er geehrt, so daß sie ihm auch einige in dieser
Gegend gelegene Besitzungen schenkten, um daselbst Gott eine
Kirche zu erbauen. Hier versammelte der fromme Vater eine
mäßige, aber ehrbare Genossenschaft von Dienern Gottes, und
da liegt er auch nach vielen Kämpfen seines heiligen Wandels
begraben, und seine Nachkommen besitzen diese Kirche bis auf
den heutigen Tag in der Nachfolge seiner Heiligkeit. Unter
diesen habe ich, als der letzte in der Reihe und der geringste
an Verdiensten, dieses Zellchen in rechtmäßiger Nachfolge zu

leiten überkommen, der ich diese Geschichte des heiligsten Vaters und höchsten Lehrers Willibrord auf deinen Befehl, seligster Bischof Beornrad[1], geschrieben habe, der du nach der dir von Gott verliehenen Gnade der würdigste Erbe dieses großen Vaters in der Würde des Hohenpriesterthums und der Nachfolge des Geschlechts, und in der Behütung der heiligen Orte, welche er zur Ehre Gottes erbaut hat, geworden bist.

2. Damit ich nun dieses heiligen Vaters Willibrord Ursprung von der Geburt her, und die Vorbedeutung der göttlichen Gnadenwahl schon in seiner Mutter Leib berühren kann, muß ich zu meinem Anfang zurückkehren. Denn so wie der heiligste Vorläufer unseres Herrn Jesu Christi, der selige Johannes der Täufer, von der Mutter Leib her geheiligt, von frommen Eltern, wie die evangelische Geschichte uns berichtet, geboren wurde, um vielen Menschen zum Heile zu gereichen, so war auch der heilige Willibrord, der gleichfalls Vielen zum Heile geboren wurde, das Kind frommer Eltern. Denn Wilgils, der ehrwürdige Mann, von dem ich vorher berichtet habe, schloß nur deshalb nach Gottes Vorherbestimmung einen Ehebund, damit ein solcher Sohn zum Heile vieler Völker von ihm erzeugt würde. Dessen Hausfrau also, die Mutter des seligen Vaters Willibrord, sah in der tiefen Ruhe der Nacht träumend folgendes himmlische Gesicht. Es schien ihr, als ob sie am Himmel den neuen Mond sähe, welcher wuchs, bis er als Vollmond erschien. Während sie ihn nun aufmerksam betrachtete, stürzte mit schnellem Lauf ein Stein in ihren Mund. Diesen verschlang sie, worauf ihr Inneres von Glanz durchleuchtet wurde. Voll Schrecken erwachend, erzählte sie einem frommen Priester diesen Traum, und da dieser sie befragte, ob sie in dieser Nacht, in welcher sie das Gesicht sah, in gewohnter Weise mit ihrem Manne Gemeinschaft gehabt habe,

---

[1]) Von Sens, zugleich Abt von Echternach, welchem das Buch gewidmet ist.

und sie dieses eingestanden hatte, antwortete er so: „Der Mond, welchen du von kleinem Anfang bis zu voller Größe hast wachsen sehen, ist der Sohn, welchen du in derselben Nacht empfangen hast. Dieser verscheucht mit dem Lichte der Wahrheit die dunklen Irrthümer der Finsterniß, und wohin er kommt, wird er mit dem Glanze des ihn begleitenden Lichtes von oben, den vollen Mond seiner Vollkommenheit zeigen, und durch den schimmernden Glanz seines Namens und die Reinheit seines Wandels wird er die Blicke Vieler auf sich ziehen." Diese Deutung des Traumes hat die Wirklichkeit der kommenden Ereignisse bewährt.

3. Es geschah aber im Kreislauf der Tage, daß das Weib um 657 einen Sohn gebar, und da er in der heiligen Taufe wiedergeboren wurde, gab ihm sein Vater den Namen Willibrord, und sogleich nach seiner Entwöhnung übergab ihn derselbe den Brüdern der Kirche zu Hrypen (Ripon), um ihn in den Uebungen der Frömmigkeit und christlicher Lehre zu unterweisen, damit das noch schwankende Alter durch kräftige Zucht erstarke, da, wo nichts als Ehrbarkeit seinen Blicken sich darbot, wo er nichts als Heiliges hörte. Ihn ließ die göttliche Gnade sofort vom Beginn des Knabenalters im Sinne erstarken und in gutem Wandel sich ausbilden, so weit es in so zarten Jahren möglich ist, so daß man glauben sollte, es wäre in unseren Tagen ein neuer Samuel geboren, von dem es heißt[1]: „Aber der Knabe Samuel ging und nahm zu, und war angenehm bei dem Herrn und bei den Menschen." Dort also, in dem vorgenannten Kloster, empfing der Knabe, welcher dereinst Vielen Heil bringen sollte, die Tonsur zum geistlichen Stande und wurde durch sein frommes Gelübde zum Mönche, und wurde mit den übrigen Jünglingen in jenem heiligsten Kloster erzogen. Aber keinem stand er nach an Eifer, keinem in demü-

---

[1] 1 Samuel. 2, 26.

thiger Hingabe, keinem an Lernbegierde, sondern solche Fortschritte machte täglich der gutgeartete Knabe in solcher Weise, daß er die zarten Jahre der Knabenzeit durch den Ernst seines Benehmens überschritt und alt in seinem Sinne wurde, während sein Leib noch zart und gebrechlich war.

677    4. Nachdem also der gottselige Jüngling in heiliger Lehre und aller Ehrbarkeit und enthaltsamem Wandel das zwanzigste Lebensjahr erreicht hatte, wurde er von dem Eifer nach einer strengeren Form des Lebens und von der Liebe zur Pilgerschaft entzündet. Er hörte aber, daß in Hibernien die Gelehrsamkeit blühe, und wurde angelockt durch den Ruf von dem Wandel einiger heiligen Männer, vorzüglich des seligen Vaters und Bischofs Ecgbert, den man mit Beinamen den Heiligen nannte, und Wicberct's, des ehrwürdigen Mannes und Priesters Gottes, welche beide aus Liebe zur himmlischen Heimat ihr Haus, ihr Vaterland und ihre Angehörigen verlassend, nach Hibernien gingen und dort, der Welt entsagend, aber von Gott erfüllt, die süßesten Früchte himmlischer Betrachtung täglich im einsiedlerischen Leben empfingen[1]. Ihrer Frömmigkeit

---

[1] Diese beiden werden auch von Beda erwähnt, dessen wichtige Nachrichten, auch über Willibrord selbst, ich hier folgen lasse. III, 27, berichtet er, daß viele Angelsachsen aus Liebe zu den Studien und Neigung zu einem strengeren Klosterleben nach Irland gingen; einige von ihnen besuchten die Zellen der verschiedenen Gelehrten, um von ihnen zu lernen. Die Schotten, wie die Bewohner Irlands damals genannt wurden, versahen alle mit Nahrung, auch mit Büchern, und gaben ihnen unentgeltlich Unterricht. Zu diesen gehörte auch Egbert, welcher an der Seuche des J. 664 schwer erkrankte, später Abt von Jona wurde und 729 neunzigjährig starb. Derselbe berichtet V, 9, daß Egbert den noch heidnischen Germanen predigen wollte, und sich mit einer Anzahl von Gefährten schon eingeschifft hatte, aber da ein Sturmwind das Schiff auf den Grund trieb und überdieß eine Vision ihn für das Kloster Jona bestimmte, wo er die Annahme der römischen Osterberechnung durchsetzte, gab er sein Vorhaben auf. Einer seiner Genossen war Wictbert, welcher wirklich nach Friesland kam und zwei Jahre lang den Friesen und ihrem Könige Rathbed das Evangelium predigte, aber ohne Erfolg. Darauf (Kap. 10) beschloß Egbert, andere Boten auszusenden, und zu diesen gehörte Willibrord. Zwölf an der Zahl kamen sie an und begaben sich zum Frankenherzog Pippin, der kürzlich Friesland erobert und den König Rathbed vertrieben hatte; er schickte sie unter seinem Schutze hin und

wünschte der gottselige Jüngling nachzueifern, und begab sich deshalb mit Erlaubniß seines Vaters und der Brüder eiligst nach Hibernia, wo er sich den eben genannten Vätern anschloß, um wie eine kluge Biene aus dem Verkehr mit ihnen honigreiche Blüthen der Frömmigkeit zu ernten, und daraus in dem Bienenkorbe seines Busens die süßesten Waben der Tugenden anzubauen. Hier bildete er sich aus, er, der einst vielen Völkern predigen sollte, zwölf Jahre lang unter den trefflichen Lehrern des frommen Mönchthums und heiliger Studien, bis er zum vollkommenen Manne wurde und das volle Lebensalter Christi erreichte.

---

sie bekehrten viele Friesen. Zwei andere Priester, welche auch lange in Irland gelebt hatten, der weiße und der schwarze Hewald nach der Farbe ihres Haares genannt, begaben sich zu den Altsachsen; im Begriff, zu einem Gaufürsten geführt zu werden, wurden sie von dem heidnischen Volke erschlagen, am 3. Oktober, und in den Rhein geworfen (an welchem aber keine Sachsen wohnten). Der Fürst, sehr erzürnt, tödtet die Bauern und verbrennt ihr Dorf. Die durch ein Wunder entdeckten Leichen läßt Pippin nach Köln bringen. Willibrord aber (Kap. 11) begab sich, nachdem er die Erlaubniß zur Predigt erhalten hatte, nach Rom, wo Papst Sergius (I. 687—701) ihm die Vollmacht zur Mission und Reliquien gewährte, deren er zur Einweihung von Kirchen bedurfte. Zurückgekehrt wählen sie einen aus ihrer Mitte, Swidbert, den sie in England zum Bischof weihen lassen; der begibt sich zu den Boructuariern, wo er nicht ohne Erfolg predigt. Aber die Boructuarier werden von den Altsachsen überwältigt, die Christen verjagt, und Swidbert geht zu Pippin, der auf Fürbitten seiner Gemahlin Blithryda (Plectrudis) ihm auf einer Rheininsel einen Wohnplatz anwies. Sie hieß, wie Beda sagt, in ihrer Sprache Inlittore (Werd, Kaiserswerth). Da erbaute er ein Kloster, welches seine Nachfolger noch besitzen.

Nachdem aber Willibrord und seine Genossen einige Jahre lang in Friesland gepredigt hatten, schickte Pippin ihn nach Rom, wo Papst Sergius ihn auf Pippins Wunsch zum Erzbischof der Friesen weihte im J. 696 in der Kirche der hl. Cäcilia und an ihrem Festtage (22. Nov.). Er gab ihm den Namen Clemens und sandte ihn nach vierzehntägigem Aufenthalt zurück. Pippin aber gab ihm für sein Bisthum einen Platz in seiner berühmten Burg Wiltaburg, d. i. die Stadt der Wilten, welche die Franken aber Trajectum (Utrecht) nennen. Hier erbaute er eine Kirche, bekehrte Viele durch seine Predigt und errichtete verschiedene Kirchen und Klöster. Denn nicht lange nachher setzte er auch andere Bischöfe in diesen Gegenden ein, aus der Zahl der Brüder, welche mit ihm gekommen oder auch ihm gefolgt waren. „Einige von diesen sind im Herrn entschlafen, aber Wilbrord selbst, mit dem Beinamen Clemens, lebt noch in ehrwürdigem Alter, da er seit 36 Jahren ein Bischof ist, und seufzt nach der Belohnung des himmlischen Lebens nach den vielen geistlichen Kämpfen, welche er durchgefochten hat."

5. Im 33. Jahre seines Alters also wuchs dem trefflichen Manne die Flamme des Glaubens im Busen, so daß es ihm als zu gering erschien, nur für sich selbst in heiligem Wandel sich abzumühen, wenn er nicht auch Anderen durch die Predigt der wahren Lehre Nutzen brächte. Er hörte, daß in den nördlichen Gegenden der Welt eine reiche Ernte sei, der Arbeiter aber wenige. Damit aber die Wahrheit des Traumes erfüllt würde, welchen einst seine Mutter von ihm gesehen hatte, gedachte er, seines Willens sich bewußt, wenn auch noch ohne Kenntniß der göttlichen Vorherbestimmung, nach jenen Gegenden zu fahren und mit dem hellen Lichte der Predigt vom Evangelium die in langer Gottlosigkeit erstarrten Völker, wenn es Gottes Willen wäre, zu erleuchten. Er nahm also elf Brüder mit sich, welche mit demselben Glaubenseifer, wie er selbst, ausgerüstet waren, und bestieg mit ihnen ein Schiff. Von diesen sind einige später um der Predigt des Evangeliums willen mit dem Martyrium gekrönt, einige aber haben die bischöfliche Weihe erhalten und ruhen in Frieden nach der Arbeit der heiligen Predigt.

Der Mann Gottes also fuhr mit seinen Genossen, bis sie nach glücklicher Fahrt die Mündung des Flusses Hrenus erreichten und daselbst anlegten; hier erquickten sie sich auf dem ersehnten Festland und gelangten alsbald zu der Burg Trajectum[1], welche am Ufer dieses Flusses gelegen ist, und wo nach einiger Zeit, als durch Gottes Gabe das Wort vom Glauben Frucht trug, er den Sitz seines Bisthums erhielt. Aber weil dieses Volk der Fresonen, in dessen Mitte die Burg gelegen ist, mit seinem König Rabbod noch im Schmutze des Heidenthums lag, beschloß der Mann Gottes, sich nach Franken zu wenden und ihren Herzog Pippin aufzusuchen, einen wackeren Mann, berühmt durch Siege und von rechtschaffenem Wandel.

---

[1]) Nach Thiofrid kam er zunächst in portum Gravalingae, villae maritimae.

Dieser nahm ihn mit allen Ehren auf, aber da er sich selbst und sein Volk eines so großen Lehrers nicht berauben wollte, wies er ihm passende Orte innerhalb seines Reiches an, wo er das Dorngestrüpp des Götzendienstes ausrotten und auf dem gesäuberten Brachland den reinsten Samen des Wortes Gottes reichlicher ausstreuen könne, damit jenes Gebot des Propheten erfüllt würde[1]: „Pflüget ein Neues und säet nicht unter die Hecken."

6. Da nun der Mann Gottes mit großem Eifer die einzelnen Orte besuchte, um das ersehnte Amt der Heidenpredigt auszuüben, und der Same des Lebens, vom himmlischen Thau begossen, weit und breit auf dem Acker vieler Herzen nach seiner Predigt herrlich aufschoß, da freute sich der obengenannte Frankenherzog über seine heilige Hingabe und die herrlichste Ausbreitung des Wortes Gottes, und um noch größeres Gedeihen zu veranlassen, gedachte er klugen Rathes, ihn nach Rom zu schicken[2], um von dem apostolischen Herrn Sergius, dem heiligsten Manne damaliger Zeit, zur Ehre des höchsten Priesterthums geweiht zu werden, damit er nach Empfang des apostolischen Segens und erhaltenem Auftrage mit um so größerer Zuversicht als sein Sendbote ausgerüstet, zu der evangelischen Arbeit zurückkehrte, nach jenem Wort des Apostels[3]: „Wie sollen sie aber predigen, wo sie nicht gesandt werden?" Als er hierzu den Mann Gottes zu bereden suchte, weigerte dieser sich anfangs und erklärte, daß er der Ehre einer so großen Vollmacht nicht würdig sei, und, die Gebote des Apostels aufzählend, versicherte er, daß er weit zurückstehe hinter der Reihe der Tugenden, von welchen der herrliche Lehrer der Heiden, als er seinen Sohn Timotheus belehrte, aussagte, daß ein Bischof sie haben müsse.[4] Der Herzog dagegen rieth ihm

---

[1] Jerem. 4, 3. — [2] Nach Beda (oben S. 9) war er vorher schon einmal da gewesen, im J. 692. — [3] Römer 10, 15. — [4] 1 Timoth. 3, 1 ff.

voll Frömmigkeit an, was der Mann Gottes demüthig ablehnte. Zuletzt aber gab er nach, überwunden durch das einstimmige Zureden, und was mehr ist, dem Willen Gottes gehorchend, indem er lieber in Demuth dem Rathe vieler Männer gehorchen, als hartnäckig auf seinem Willen bestehen wollte. Und so wurde er denn mit einer ehrenvollen Gesandtschaft und mit Geschenken, welche der apostolischen Würde angemessen waren, nach Rom gesandt.

695
Novbr.
7. Aber am vierten Tage, bevor er dahin kam, hörte der heiligste apostolische Vater im Traum eine Stimme der Ermahnung, daß er jenen mit höchster Ehre aufnehmen solle und daß er von Gott auserwählt sei, um viele Seelen zu erleuchten, und daß er komme um die Ehre des höchsten Priesterthums zu empfangen, und daß nichts, was er erbitte, ihm verweigert werden dürfe. Durch diese Ermahnung sicher, empfing ihn der Apostolicus mit großer Freude und höchsten Ehren, und wie er in ihm die Gluth des Glaubens erkannte, die Hingabe der Frömmigkeit, die Fülle der Weisheit, weihte er ihn am passenden Tage, als das Volk zusammenströmte, nachdem er die ehrwürdigen Priester zur Theilnahme am Amt berufen hatte, öffentlich in der Kirche des seligen Petrus, des Apostelfürsten[1], mit großer Würde nach apostolischer Weise zum Erzbischof und gab ihm den Namen Clemens, und bekleidete ihn

---

[1]) Beda (oben S. 9) nennt die Kirche der hl. Cäcilia, und als Tag deren Fest, den 22. November, im J. 696. Aber in einem alten, aus Echternach stammenden Martyrologium ist seine Weihe zum 21. November verzeichnet, und am Rande der Seite steht, was nur Willibrord selbst geschrieben haben kann: „Im Namen des Herrn. Clemens Willibrordus kam im J. 690 übers Meer nach Francien, und in Gottes Namen im J. 695 von der Menschwerdung des Herrn wurde er, obwohl unwürdig, in Rom zum Bischof geweiht von dem apostolischen Manne, dem Herrn Papst Sergius, jetzt aber in Gottes Namen verlebt er das 728. Jahr von der Menschwerdung unseres Herrn Jesu Christi." (S. das Neue Archiv II, 293.) Derselbe Kalligraph Laurentius, welcher für ihn das Martyrologium in irischen Schriftzügen geschrieben hat, schrieb auch die prächtige, jetzt in der Fürstl. Oettingen-Wallerstein'schen Bibliothek in Maihingen befindliche Evangelienhandschrift.

mit seinen Priestergewändern, bestätigte ihn mit dem heiligen Pallium seiner Würde wie mit dem Leibrock des Aaron und mit glänzender Kleidung, und was er wollte oder erbat an Reliquien der Heiligen oder kirchlichem Geräthe, gab er ihm mit ganzer Freudigkeit des Herzens. Er stärkte ihn mit seinem Segen, und sandte ihn mit reichen Geschenken und heilsamen Ermahnungen wieder zur Arbeit des Evangeliums zurück.

8. Nachdem er also auch den Segen des apostolischen Vaters erhalten hatte, kehrte der treue Verkündiger des Wortes Gottes mit größerer Zuversicht zum vorgenannten Herzog der Franken zurück. Dieser empfing ihn mit großer Pracht und Ehre, und entsandte ihn mit dem Befehl seiner Vollmacht zur Arbeit am Evangelium, vorzüglich jedoch in den nördlichen Theilen seines Reiches, wo bis dahin wegen des Mangels an Lehrern und der Herzenshärtigkeit der Bewohner das Licht des Glaubens noch weniger erglänzte. Um so eifriger streute der Mann Gottes in diesen Gegenden den Samen des Lebens aus, je mehr er es als nothwendig erkannte, die alte Hungersnoth der Unwissenheit zu beseitigen. Wie viel Frucht er aber mit Gottes Gnade in jenen Gegenden zeitigte, davon zeugen heutiges Tages die Gemeinden in den Städten, Dörfern und Burgen, welche er zur Erkenntniß der Wahrheit und zur Verehrung des einen allmächtigen Gottes durch seine Ermahnung geführt hat. Es bezeugen es auch die Kirchen, welche er in den einzelnen Orten erbaut hat, und die Convente von Dienern Gottes, welche er an einigen Orten versammelt hat.

9. Es versuchte auch der Mann Gottes, über die Grenzen des Frankenreiches hinaus die Ströme der himmlischen Lehre zu leiten. Denn er fürchtete sich nicht, Rabbod, damals König der Fresonen, der mit seinem Volke noch ein Heide war, aufzusuchen, und überall, wohin er kam, verkündigte er das Wort Gottes mit aller Zuversicht. Aber der Friesenkönig nahm zwar

den Mann Gottes in Demuth freundlich auf, doch konnte er mit keinerlei Lebenswort sein steinernes Herz erweichen. Und als der Mann Gottes erkannte, daß er bei ihm keine Frucht erzielen könne, wandte er sich mit dem Wort des Evangeliums zu den überaus wilden Völkern der Dänen. Da aber herrschte, wie man berichtet, Ongendus[1], ein Mann, der grausamer war als jedes wilde Thier und härter als jeder Stein; aber dennoch empfing er, auf Gottes Geheiß, den Verkünder der göttlichen Wahrheit ehrenvoll. Als dieser erkannte, daß das Volk in seinen Sitten verhärtet war, dem Götzendienst ergeben und ohne Hoffnung auf ein besseres Leben, nahm er dreißig Knaben aus diesem Lande zu sich, und beeilte sich, mit diesen zu den von Gott auserwählten Völkern des Frankenreiches heimzukehren. Schon auf der Reise selbst unterrichtete er die Knaben und wusch sie rein in dem Quell des Lebens, damit er nicht wegen der Gefahren der langen Seefahrt oder durch die Nachstellungen der wilden Bewohner jenes Landes irgend einen Verlust an ihnen erlitte, indem er den Listen des alten Feindes zuvorkommen und die neugewonnenen Seelen mit den Sakramenten des Herrn sichern wollte.

10. Und während der fromme Prediger des Wortes Gottes auf dieser Reise sich befand, kam er an der Grenze zwischen den Dänen und den Fresonen zu einer Insel, welche nach einem Gott Fosite, den sie verehren, von den Bewohnern Fositesland genannt wurde[2], weil auf ihr Heiligthümer dieses Gottes erbaut waren. Dieser Ort wurde von den Heiden mit solcher Verehrung betrachtet, daß keiner von ihnen etwas von dem Vieh, welches dort weidete, oder von anderen Dingen zu berühren wagte, noch auch aus der Quelle, welche dort spru-

---

[1]) Er wird außerdem nur im Beowulf erwähnt, und scheint über dänische Ansiedler an der friesischen Küste geherrscht zu haben.

[2]) Helgoland. Diese Stelle führen Altfrid im Leben Liudgers Kap. 19, und Adam von Bremen IV, 3 an.

delte, das Wasser anders als schweigend zu schöpfen sich er=
laubte. Dorthin wurde der Mann Gottes durch einen Sturm
verschlagen und blieb einige Tage da, bis, nachdem der Sturm
sich gelegt, günstiges Wetter zur Fahrt wiederkehrte. Er ver=
achtete aber die thörichte Scheu vor der Unantastbarkeit jenes
Ortes und fürchtete nicht den wilden Sinn des Königs, welcher
jeden Verletzer der Heiligthümer jenes Ortes dem grausamsten
Tode zu weihen pflegte, sondern taufte drei Menschen in jener
Quelle unter Anrufung der heiligen Dreieinigkeit, und ließ von
dem Vieh, welches dort weidete, zu seinem Bedarf schlachten.
Als die Heiden das sahen, glaubten sie, daß sie entweder in
Wahnsinn verfallen oder durch plötzlichen Tod zu Grunde gehen
würden. Da sie aber sahen, daß ihnen nichts Uebles wider=
fuhr, ergriff sie Schreck und Staunen; sie berichteten jedoch
dem König Rabbod, was sie gesehen hatten.

11. Dieser gerieth in große Wuth gegen den Priester des
lebendigen Gottes und gedachte die Beleidigungen seiner Götter
zu rächen. Drei Tage lang warf er immer dreimal nach seiner
Gewohnheit das Loos; niemals aber konnte, da der wahre
Gott die Seinigen verteidigte, das Loos der Verdammten auf
den Knecht Gottes oder auf einen der Seinigen fallen; nur
einer von seinen Gefährten wurde durch das Loos bezeichnet
und mit dem Martyrium gekrönt. Der heilige Mann aber
wurde zum Könige berufen und viel von ihm gescholten, wa=
rum doch er seine Heiligthümer verletzt und seinen Gott be=
leidigt habe. Ihm entgegnete der Herold der Wahrheit mit
festem Muth: „Nicht ein Gott ist es, den Du verehrst, son=
dern der Teufel, welcher Dich, o König, in den schlimmsten
Irrwahn verwickelt hat, um Deine Seele dem ewigen Feuer
zu übergeben. Denn es ist kein Gott außer dem Einen, wel=
cher Himmel und Erde erschaffen hat, das Meer und alles,
was darin ist, und wer diesen in wahrem Glauben verehrt,

der wird das ewige Leben haben. Als Sein Diener lege ich heute vor Dir Zeugniß ab, damit Du von der Thorheit des Irrwahns, an welche Deine Väter glaubten, endlich einmal zur Besinnung kommest, und im Glauben an den einen allmächtigen Gott, unseren Herren Jesus Christus, im Quell des Lebens getauft, alle Deine Sünden abspülest und alle Bosheit und alle Ungerechtigkeit fortwerfend, hinfort als ein neuer Mensch lebest in aller Mäßigkeit, Gerechtigkeit und Heiligkeit. Wenn Du das thust, so wirst Du mit Gott und seinen Heiligen die ewige Herrlichkeit besitzen. Wenn Du mich aber verschmähst, der ich Dir den Weg des Heiles weise, so wisse in aller Wahrheit, daß Du die ewige Pein und die Flammen der Hölle mit dem Teufel, dem Du Gehorsam leistest, ertragen mußt." Da verwunderte sich der König und antwortete: „Ich sehe, daß Du meine Drohungen nicht fürchtest und daß Deine Worte sind wie Deine Werke." Obgleich er nun dem Prediger der Wahrheit nicht glauben wollte, so schickte er ihn doch mit allen Ehren an Pippin, den Herzog der Franken, zurück.

12. Dieser freute sich über seine Ankunft, und bat ihn, bei der für ihn bestimmten Arbeit am Worte Gottes auszuharren und dies Dorngestrüpp des Götzendienstes ausreutend, das Wort Gottes eifrig an jedem Orte auszusäen. Das bestrebte sich auch der fromme Prediger ohne alle Lässigkeit zu erfüllen, indem er alle Gegenden jenes Landes besuchte und in den Städten, Dörfern und Burgen, wo er früher schon das Evangelium verkündigt hatte, alle ermahnte, daß sie mit gutem Entschlusse ihres Herzens fest im wahren Glauben beharren möchten. Und da täglich die Zahl der Gläubigen zunahm und eine größere Schaar zur Kenntniß des Wortes Gottes sich einfand, begannen Viele, vom Glaubenseifer getrieben, ihr Erbtheil dem Mann Gottes darzubringen. Er nahm es an und ließ alsbald Kirchen daselbst erbauen, stellte auch Priester und

Gehülfen am Worte Gottes bei ihnen an, auf daß das neugewonnene Volk Gottes Orte habe, wo es sich an Festtagen versammeln und heilsame Ermahnungen hören könne, und Diener der Kirche, von denen es die Gabe der heiligen Taufe empfangen und die Vorschriften der christlichen Religion erlernen könne. Und so machte der Mann Gottes täglich größere Fortschritte, von Gottes Gnade beschirmt.

13. Es begab sich aber, daß Pippin, der Herzog der Franken, starb und sein Sohn Karl des väterlichen Reiches Herr wurde. Dieser unterwarf viele Völker dem Scepter der Franken, und darunter fügte er auch Fresien nach Ueberwindung des Rabbod mit glorreichem Siege zu des Vaters Herrschaft hinzu.[1] Diesem Volke wurde damals der heilige Willibrord zum Prediger gesetzt, und ihm der Sitz seines Bisthums in der Burg Trajectum angewiesen. Dadurch erhielt er nun ein größeres Feld für seine Predigt, und bemühte sich, das kürzlich erst mit dem Schwert bezwungene Volk in der heiligen Taufe abzuwaschen. Nicht den geringsten Rest des alten Irrwahns ließ er in der Finsterniß der Unwissenheit verborgen bleiben, sondern beleuchtete das ganze Volk ohne Verzug mit dem vollen Licht des Evangeliums, so daß bei diesem plötzlich jenes prophetische Wort erfüllt wurde[2]: „Und soll geschehen an dem Ort, da man zu ihnen gesagt hat: Ihr seid nicht mein Volk, wird man zu ihnen sagen: O ihr Kinder des lebendigen Gottes."

14. Auch viele Wunder that die Kraft Gottes durch ihren Knecht. Obgleich aller Wunderwirkung und allen Wunderzeichen

---

[1] Besiegt hat Karl Martell den Rabbod nicht, aber er starb 719 und sein Nachfolger hielt Frieden mit Karl. Da konnte auch Willibrord heimkehren, dem nach der oben S. 9 aus Beda angeführten Stelle schon Pippin Utrecht als Bisthum überwiesen hatte, der aber nach Pippins Tod hatte flüchten müssen. Im J. 722 wurde ihm das Bisthum feierlich bestätigt. Alkuin scheint den glänzenden Sieg Pippins 689 Karl zuzuschreiben, und es bleibt deshalb auch bei ihm ganz dunkel, wo eigentlich Willibrord bis dahin thätig gewesen ist. — [2] Hosea 1, 10.

das Amt der evangelischen Predigt vorzuziehen ist, so dürfen wir doch, weil ihre Vollbringung berichtet wird, zur Ehre Gottes, der sie verliehen hat, nicht davon schweigen, sondern müssen sie vielmehr unserer Erzählung einfügen, damit den kommenden Jahrhunderten nicht verloren gehe, wovon wir wissen, daß es in alter Zeit geschehen ist. Einmal also, als der ehrwürdige Mann nach seiner Gewohnheit der Predigt halber unterwegs war, kam er zu einem Dorfe Namens Walichrum[1], wo ein Götzenbild als Rest des alten Irrwahns geblieben war. Dieses zertrümmerte der Mann Gottes in seinem Eifer vor den Augen des Hüters dieses Götzen, der, voll Muth, um die Beleidigung seines Gottes zu rächen, in der Leidenschaft seines thörichten Sinnes das Haupt des Priesters Christi mit dem Schwerte traf. Aber Gott vertheidigte seinen Knecht, so daß er durch diesen Hieb nicht verletzt wurde. Seine Gefährten aber, als sie das sahen, liefen herbei, um die arge Vermessenheit des gottlosen Menschen durch seinen Tod zu rächen. Aber der Mann Gottes befreite frommen Sinnes den Schuldigen aus ihren Händen und ließ ihn gehen; dieser aber wurde an demselben Tage vom Teufel besessen und beendigte am dritten Tage sein elendes Leben. Und weil der Mann Gottes nach der Vorschrift des Herrn sein Unrecht nicht rächen wollte, trat sofort der Herr selbst als Rächer auf, so wie er von den Frevelthaten, welche die Gottlosen sich nicht scheuen gegen seine Heiligen zu verüben, gesagt hat[2]: „Die Rache ist mein, Ich will vergelten, spricht der Herr."

15. Ein ander Mal wanderte der selige Mann zu einer Zelle, welche ihm gehörte, und die nach dem Namen des vorbeifließenden Gewässers Suestra genannt wird[3], betrat aber,

---

[1]) Eine Kirche in Westkappelle auf der Insel Walcheren gehörte zum Kloster Echternach. — [2]) Römer 12, 19. — [3]) Süsteren, Provinz Limburg, bei Mastricht, ein Nonnenkloster, welches Pippin an Willibrord übergeben hatte.

um den Weg abzukürzen, einen schmalen Fußpfad, welcher durch die Saaten eines reichen Mannes führte. Das sah der Hüter dieser Saaten, und begann in großer Wuth den Mann Gottes zu schmähen. Diesen Menschen, welcher den Mann Gottes schalt, wollten die Gefährten, welche bei ihm waren, strafen, aber der Diener Gottes hielt sie in seinem milden Sinne davon ab, da er nicht wollte, daß jemand seinetwegen umkomme, der doch vielmehr nach dem Heile Aller verlangte. Aber am folgenden Tage ist derselbe unselige Mensch, welcher sich nicht gescheut hatte, Schmähungen gegen den Diener Gottes auszustoßen, an demselben Orte eines plötzlichen Todes vor den Augen vieler Zuschauer verstorben.

16. Als der von göttlichem Geist erfüllte Mann zur Predigt des Evangeliums die Küstengegenden durchzog, wo man an süßem Wasser Mangel leidet, sah er, daß seine Gefährten die Qualen des Durstes nur mit Mühe ertrugen; er rief deshalb einen von ihnen herbei, und befahl ihm in seinem Zelte eine kleine Grube zu machen, wo er heimlich auf seinen Knieen zu Gott betete, welcher seinem Volke in der Wüste Wasser aus dem Felsen strömen ließ, er möge doch seinen Dienern mit gleichem Erbarmen Wasser aus dem Sande hervorrufen. Alsbald wurde er erhört, und plötzlich erfüllte ein Quell von süßestem Geschmack die Grube[1]. Als die Seinigen das sahen, dankten sie dem allmächtigen Gott, welcher seinen Heiligen verherrlichte und ihn gnädig erhörte, und sie tranken bis zur Sättigung, und nahmen für den Bedarf des Weges mit sich, so viel sie für nöthig hielten.

17. Wiederum wanderte der heilige Priester Gottes an einem Orte, wo er zwölf arme Bettler sah, welche alle die Vorüber-

---

[1] Nach Joh. de Beka in seiner Chronik befindet sich diese Grube im Gebiet von Heyligelo und wird von den Bewohnern der Brunnen des hl. Willibrord genannt. Ohne Zweifel hat dieser Brunnen zu der Entstehung der Sage den Anlaß gegeben.

gehenden um eine Erquickung anflehten. Die sah er, wie er denn sehr mildthätig war, mit gütigem Blicke an und befahl einem der Seinigen, den Armen Christi aus seiner eigenen Flasche einen Trunk zu mischen. Alle zwölf tranken davon bis zur Sättigung, und wunderbarer Weise fand man, als sie fortgingen, die Flasche, aus welcher so viele Menschen getrunken hatten, ebenso sehr, wie vorher, mit dem trefflichsten Weine gefüllt. Als man das wahrnahm, lobten alle den Herrn, und sprachen: „Wahrlich, an uns ist in Erfüllung gegangen, was im Evangelium Christus, der Gott, gesagt hat[1]: Gebet, so wird euch gegeben."

18. Es kam auch der heilige Mann nach seinem Kloster[2], um es zu besuchen, und nach den Gebeten und brüderlichen Begrüßungen und friedfertigen Ermahnungen besuchte der fromme Hirte die einzelnen Wohnungen der Brüder, um zu erforschen, ob daran etwas zu bessern sei. So kam er auch in den Keller, wo er einen kleinen Weinvorrath in einer Tonne fand; als Zeichen seines Segens steckte er mit einem Gebet seinen Stab hinein und ging weiter. Aber in derselben Nacht begann der Wein in diesem Faß zu wachsen und über den Rand zu rinnen. Als der Kellermeister das sah, staunte er ob des unverhofften Ueberflusses, und wagte nicht zu verschweigen, was die Barmherzigkeit Gottes, wie er wohl erkannte, durch den Segen seines Dieners that. Am folgenden Morgen eilte er zu dem heiligen Vater, warf sich ihm zu Füßen, und berichtete was er gesehen hatte. Dieser dankte Gott nach seiner Gewohnheit, und eingedenk der Vorschrift des Herrn, welcher seinen Jüngern verbot, von der Herrlichkeit der Transfiguration vor dem Tage seiner Auferstehung etwas zu sagen, gebot er auch dem Keller-

---

[1]) Luc. 6, 38. — [2]) Echternach, welches Alkuin hier nicht einmal nennt und über dessen Stiftung er nichts berichtet, obgleich es für Willibrord als Ausgangspunkt seines Missionswerkes und Zufluchtsort von größter Wichtigkeit war.

meister, von dem Wunder, welches er sah, vor dem Tage seines Todes etwas mitzutheilen.

19. Noch ein anderes ähnliches Wunder wirkte Christus durch seinen Segen. Als der Knecht Gottes mit seinen Gefährten zu dem Hause eines Freundes kam, wollte er in dem Hause des Geliebten die Anstrengung des langen Weges durch eine Erquickung erleichtern, erfuhr aber, daß der Hausvater keinen Wein habe. Da ließ er vier Flaschen von mäßiger Größe, welche allein die Begleiter zur Stärkung auf der Reise mit sich führten, herbeibringen und segnete sie im Namen dessen, welcher bei dem hochzeitlichen Mahle Wasser in Wein verwandelte. Und in wunderbarer Weise tranken nach der Gnade dieses Segens an vierzig Männer aus jenen kleinen Flaschen bis zur völligen Sättigung, und mit großem Dank und frohen Sinnes sprachen sie zu einander: „Wahrlich, der Herr Jesus hat erfüllt, was er im Evangelium verspricht[1]: Wer an mich glaubet, der wird die Werke auch thun, die ich thue, und wird größere denn diese thun."

20. Derselbe heilige Prediger zog einstmals, wie er gewohnt war, um das Evangelium zu verkündigen, eilig nach Fresien, und wegen der Anstrengung der Reise wollte er auf den Wiesen eines reichen Mannes die müden Pferde sich etwas erholen lassen[2]. Als aber jener reiche Mann die Pferde auf seinen Wiesen weiden sah, begann er, von Hochmuth erfüllt, die Pferde zu schlagen und von seiner Weide fortzutreiben. Der Mann Gottes nun redete ihn mit sanften Worten an und sprach: „Hör' auf, Bruder, uns Unrecht zu thun. Denn nicht um dich zu schädigen, sondern um unserer Nothdurft willen, haben wir eine kurze Zeit auf diesen Weiden ausruhen wollen. Uns treibt das Werk Gottes, für welches wir zu arbeiten haben,

---

[1] Evang. Joh. 14, 12. — [2] Das war rechtlich dem Reisenden erlaubt, siehe J. Grimm, Rechtsalterthümer S. 400.

und wofür auch du Lohn erhalten kannst, wenn du uns, so viel an dir ist, mit freundlichem Sinn unterstützen willst, eingedenk jener süßen Verheißung unseres Herrn Jesu Christi[1]: Wer euch aufnimmt, der nimmt mich auf; und wer mich aufnimmt, der nimmt den auf, der mich gesandt hat. Komme doch lieber als Freund in Frieden zu uns und erquicke dich mit uns; trinke etwas mit uns, und während wir dann unsern Weg fortsetzen, kehre du mit Gottes Segen in dein Haus zurück." Er aber verharrte in seiner Bosheit, und wollte sich nicht beruhigen bei den friedfertigen Worten des Mannes Gottes, sondern verdoppelte seine Schmähungen und rief: „Du forderst mich auf zu trinken und mit dir Frieden zu machen. Du kannst aber ganz sicher sein, daß ich gar keinen Werth darauf lege, mit dir zu trinken." Das Wort nahm der Mann Gottes aus seinem Munde und sprach: „Wenn du mit mir nicht trinken willst, so sollst du gar nicht trinken." Und sofort machten seine Begleiter sich bereit und er zog mit ihnen seines Weges. Auch jener trotzige Mann eilte nach Hause, wurde aber plötzlich von brennendem Durst geplagt, und suchte diesen mit Wein zu löschen; aber der Mund, welcher die Schmähungen gegen den Mann Gottes ausgestoßen hatte, vermochte den Trunk nicht aufzunehmen, und der aus freien Stücken keinen Frieden mit dem Diener Gottes hatte haben wollen, mußte mit Nothwendigkeit die Strafe in sich selber empfinden. Aerzte wurden gerufen, um seinen Durst zu stillen, um dem Kranken die Fähigkeit zu trinken wieder zu schaffen. Sein Inneres glühte, aber niemand vermochte seiner lechzenden Kehle einen Tropfen Wein einzuflößen. Zuletzt wurde er endlich von Reue ergriffen zur Besinnung gebracht, und erkannte, daß der heilige Willibrord der sei, welchen er beleidigt hatte; mit größtem Verlangen sehnte er sich nun nach seiner Rückkehr. Dieser kam im folgenden

---

[1] Matth. 10, 40.

Jahre auf demselben Wege zurück, und als der kranke Mann von seiner Ankunft gehört hatte, eilte er ihm entgegen, seine Schuld bekennend und die Strafe, welche er litt, ihm kundthuend, und bat um Christi willen, daß er ihn erlösen möchte. Von Barmherzigkeit bewegt verzieh ihm der Mann Gottes und gab ihm mit seinem Segen aus seinem Kelche zu trinken. Sofort trank er und kehrte gesund nach Hause zurück.

21. In der Stadt Trier ist ein Nonnenkloster[1], welches zu den Zeiten des seligen Bischofs Willibrord von einer heftigen Seuche heimgesucht wurde. Viele von den Mägden Gottes starben, andere wurden durch langes Siechthum ans Bett gefesselt, die übrigen aber waren von großem Schrecken ergriffen, und fürchteten den Tod als ob er schon sichtlich vor ihnen stünde. Und weil nicht fern von jener Stadt das Kloster des heiligen Mannes gelegen ist, welches Aefternaco[2] heißt, wo bis auf den heutigen Tag der Leib des heiligen Mannes ruht, und welches seine Nachfolger durch die Milde der frommen Könige und in rechtlicher Form geschehene Uebergabe besitzen, so schickten die erwähnten Klosterfrauen, als sie hörten, daß der heilige Mann dahin komme, sogleich eine Botschaft und baten ihn, unverzüglich zu kommen. Er aber, belehrt durch das barmherzige Vorbild des seligen Petrus, des Apostelfürsten, welcher auf die Bitte der Witwen Christi[3] von Joppe nach Lydda kam, um die heilige Tabitha aufzuwecken, weigerte sich mit gleicher Bereitwilligkeit, sobald er von dem Verlangen der Mägde Christi vernommen hatte, nicht, zu ihnen zu kommen. Und als er gekommen war, feierte er sogleich im Kloster eine Messe für die Kranken, und weihte Wasser, womit er ihre Wohnungen besprengen ließ, und welches er den erkrankten zum Trinken

---

[1] Vermuthlich Horrea, jetzt Oeren genannt. — [2] Echternach.
[3] Nämlich der um Christi willen von ihr unterstützten. Nach dem Text Ap. Gesch. 9, 38 sind es jedoch die Jünger, welche ihn rufen.

zusandte. Diese wurden durch die Gnade der göttlichen Barmherzigkeit alsbald gesund, und keine starb fortan im Kloster an dieser Seuche.

22. Einem Hausvater und seinem Hause stieß eine schreckliche Heimsuchung von Teufelsspuk zu, so daß man ganz offenbar an Schrecknissen und Uebelthaten erkannte, daß ein böser Geist in seinem Hause wohne. Denn er pflegte plötzlich Speisen oder Kleidungsstücke oder sonstigen Hausrath zu ergreifen und ins Feuer zu werfen; ja, einmal nahm er einen kleinen Knaben, welcher in den Armen seiner Eltern ruhte, während sie schliefen, und warf ihn ins Feuer. Durch das Geschrei des Kindes wurden die Eltern aufgeweckt und entrissen mit Mühe den Kleinen den Flammen, und noch viel Schreckliches erduldete dieselbe Familie von dem bösen Geiste, und kein Priester vermochte ihn zu vertreiben, bis Willibrord, der heilige Mann, auf die Bitte des Hausvaters ihnen geweihtes Wasser schickte. Er befahl zugleich, allen Hausrath hinaus zu tragen und mit diesem Wasser zu besprengen, weil er im Geiste vorhersah, daß das Haus von Feuersflammen verzehrt werden müsse. Sobald es geschehen war, ergriff das Feuer, ausgehend von dem Orte, wo das Bett gestanden hatte, das leere Haus und verzehrte es vollständig. Nachdem dann aber auf demselben Platze ein anderes Haus, geheiligt durch geweihtes Wasser, erbaut war, hatten sie darin nichts mehr von der früheren Heimsuchung zu leiden, sondern lebten in Ruhe und Frieden und dankten Gott, welcher sie durch seinen Diener zu erlösen geruht hatte.

23. Derselbe gottgeliebte Mann sagte auch mit prophetischem Geiste mehreres voraus, was nachher durch den Verlauf der Dinge als wahr erwiesen wurde. Er taufte also Pippin[1], den Sohn des tapferen Frankenherzogs Karl, den Vater dieses glorreichen Karl, welcher jetzt mit höchstem Siegesruhm und

---

[1] Geboren 714 oder 715.

würdigem Glanze das Reich der Franken beherrscht. Von diesem Pippin, Karls Vater, hat der heilige Mann prophetischen Geistes vor seinen Jüngern folgende Weissagung verkündigt: „Wisset, daß dieses Kind sehr erhaben und ruhmvoll sein wird, und größer als alle Herzoge der Franken vor ihm." Die Wahrheit dieser Weissagung ist zu unseren Zeiten erprobt, und es ist überflüssig durch Zeugen zu erweisen, was die Ueberzeugung des ganzen Reiches anerkennt. Denn alles Volk weiß, wegen welcher Triumphe er als der erhabenste Sieger gefeiert wird, oder wie sehr er die Grenzen unseres Reiches erweitert hat, oder was er zur Verteidigung der heiligen Kirche Gottes bei fremden Völkern ausgeführt hat. Das alles kann besser durch den Augenschein erkannt, als mit Worten dargelegt werden.

24. Es war aber der heilige Mann hervorragend durch jegliche Würdigkeit, von ansehnlicher Gestalt, ehrbarem Ansehen, schön von Angesicht, fröhlichen Herzens, voll weisen Rathes, von lieblicher Rede, würdevollem Benehmen, und thatkräftig zu allem Gotteswerk. Von wie großer Langmuth er war, ist in seinen oben beschriebenen Handlungen dargelegt; wie vielen Eifer er aber hatte, das Evangelium Christi zu verkündigen, oder wie ihn bei dieser seiner Predigt die Gnade Gottes unterstützte, das brauchen wir nicht zu schildern, da es durch das Zeugniß des ganzen Volkes erwiesen wird. Seinen geheimen Lebenswandel aber in Nachtwachen und Gebet, in Fasten und Psalmsingen, können wir aus der Heiligkeit seines Lebens und den Wunderzeichen entnehmen. Seine Liebe zeigt seine unablässige Anstrengung, welche er täglich um des Namens Christi willen ertrug.

Dieser heilige Mann aber, welcher alle Tage seines Lebens hindurch im Werke Gottes Fortschritte machte, Gott wohlgefällig und freundlich gegen alles Volk, wurde zu den Zeiten des alten Karl, des tapfersten Herzogs der Franken, in hohem

Alter und in der Fülle der Tage, welche aller Vollkommenheit voll waren, zu seinen Vätern versammelt, um die vielfältige Frucht seiner Arbeit von Gott zu empfangen; er verließ diese Welt, um den Himmel zu besitzen und Christus ohne Ende in der ewigen Herrlichkeit zu schauen, in dessen Liebe er, so lange er unter uns lebte, nicht aufhörte zu arbeiten. Am sechsten Tage des Monats November wanderte er aus dieser Pilgerschaft zur ewigen Heimat[1], und ist begraben im Kloster Aesternaco, welches er selbst Gott, wie wir vorher berichtet haben, errichtet hatte.[2] Dort geschehen bis auf den heutigen Tag durch die Kraft der Barmherzigkeit Gottes unausgesetzt Wunderzeichen und Heilungen an den Reliquien des heiligen Priesters Gottes.

---

[1] Wahrscheinlich im J. 738. — [2] Ein solcher Bericht ist nicht dagewesen.

## II.

# Das Leben Gregors von Utrecht von Liudger.

### Uebersetzt von G. Grandaur.

---

# Einleitung.

Dem Leben Willibrords schließt sich zunächst das Leben Gregors von Utrecht an, welcher sein Werk fortsetzte, zwar nicht als Bischof, aber als Abt des Martinstiftes, und vorzüglich mit größtem Eifer beschäftigt, für die zahlreichen neu errichteten Kirchen die Geistlichkeit, deren sie bedurften, auszubilden. Zu seinen Schülern gehörte auch Liudger, zwanzig Jahre lang sein Schüler und Gehülfe, und dieser hat uns die Beschreibung seines Lebens hinterlassen, geschrieben mit einer ungewöhnlichen Wärme liebevoller Verehrung, welche einen wohlthuenden Eindruck macht und das Herz des Lesers gewinnt. Daß er seinen Meister als Vorbild hinstellte und an die Erzählung stets erbauliche Betrachtungen anknüpft, dürfen wir ihm nicht verübeln, wenn auch in der Uebersetzung diese predigtartigen Theile übergangen werden konnten. Zu bedauern aber ist, daß so wenig bestimmte Thatsachen mitgetheilt werden, so wenig Zeitangaben vorkommen. Für Liudger war das nebensächlich, aber in seinen Nachrichten vom heil. Bonifazius hat er in dieser Beziehung gar zu arge Fehler gemacht, obgleich ihm dessen Lebensbeschreibung von Willibald bekannt war. Werthvoll ist dennoch, was er von Bonifazius erzählt, den er noch selbst gesehen hatte: lebendig läßt er uns hineinblicken in das Missionswerk in Thüringen. Von der Utrechter Zeit dagegen theilt er uns gar zu wenig mit, und da er über Marchelm und Albrich mehr Nachrichten verheißt, welche sich nirgends finden, so liegt die Vermuthung nahe, daß ein zweites Buch vorhanden gewesen, aber schon frühzeitig verloren ist.

Von dem lateinischen Text ist keine alte Handschrift bekannt; doch hat mit Benutzung verschiedener Hülfsmittel O. Holder-Egger, Mon. Germ. SS. XV, 63—79, die erste kritische Ausgabe hergestellt, welche den etwas schwülstigen und überladenen Stil deutlicher hervortreten läßt, als die früheren, auch einige Fehler verbessert.

W. Wattenbach.

# Vorwort.

Wir werden durch die heilige Schrift ermahnt, daß wir den Herrn lieben sollen aus ganzem Herzen, den Nächsten aber wie uns selbst, und daß wir jene wahrhaft für unsere Nächsten halten sollen, welche mehr auf geistige als auf leibliche Güter bedacht sind und bis zum letzten Tage nicht unterlassen, sich zu deren Erlangung durch gute Werke vorzubereiten, welche die leibliche Geburt nicht aufbläht, die geistige Wiedergeburt aber Frucht tragen und gedeihen läßt. Diese Liebe, welche sich durch Werthschätzung zeigt, müssen wir zwar allen unseren Mitgenossen des katholischen Glaubens erweisen, am meisten aber doch den heiligen Vätern und unseren Vorgesetzten, wie uns der heilige Apostel ermahnt, indem er sagt: „Wir bitten euch aber, Brüder, seid zugethan denen, welche arbeiten unter euch und euch im Herrn vorstehen und euch ermahnen; achtet sie um so mehr hoch mit Liebe, ihres Werkes willen; lebet in Frieden mit ihnen[1]." Was bedeutet diese Stelle, durch welche uns vorgeschrieben wird, unsere Vorgesetzten mehr als die Uebrigen zu achten, wenn nicht, daß wir ihnen, so lange sie leben, in aufrichtiger Absicht die ihnen gebührende Verehrung und Gehorsam erweisen und nach ihrem Tode ihr frommes und erbauliches Beispiel niemals unserem Gedächtnisse entschwinden lassen,

---
[1] 1 Thess. 5, 12. 13.

aber auch zur Erbauung Anderer dasselbe ohne Unterlaß durch unsere Rede aufzufrischen und zu verbreiten nicht ermangeln, damit dies wirklich geschehen könne, wozu derselbe Apostel an einer andern Stelle in Betreff der heiligen Väter ermahnt: „Schauet auf den Ausgang ihres Wandels und folget ihrem Glauben nach¹." Damit wir, wenn wir in dieser Sterblichkeit ihr Beispiel in Gedanken und in der That treu bewahren, in der künftigen Unsterblichkeit nach dem Ausspruche des Evangeliums die Freude unseres Herrn zugleich mit ihnen sehen und genießen. Wenn wir dahin gelangen und mit der unverdienten Gnade Christi eingegangen sind, wird für alle Zeiten Niemand uns die ewige Seligkeit rauben, weil wir dazu von Anfang an nach dem gnädigen Rathschlusse des Schöpfers bestimmt und nach dem Sündenfalle des ersten Menschen durch den Tod des Erlösers in gnädiger Heimsuchung erneuert sind. Und wir werden dahin gelangen am Tage unseres Todes, wenn wir in den Tagen unserer Sterblichkeit mit unerschütterlicher Hoffnung die Lehren der heiligen Väter befolgen und wenn Gott immer der vorzüglichste Gegenstand unserer Freude ist. Weil es also, wie gesagt, nach dem Zeugnisse der heiligen Schrift offenbar ist, daß wir mit Recht den heiligen Vätern Ehre erweisen, und mit Ausnahme der göttlichen Gebote nichts ihren Ermahnungen und ihrem Beispiele, welches uns die richtigste Art zu leben zeigt, vorziehen, so will ich suchen, kurz zu zeigen, zu wessen Verehrung und Gedächtnisse ich diese Einleitung vorausgeschickt habe, indem ich mit der Gnade Christi und unter dem Beistande seiner Verdienste nur wenige Capitel von seinen unzähligen frommen Handlungen schreibe.

---

1) Hebr. 13, 7.

1. Ich handle nämlich von dem Herrn Abte Gregor, meinem Erzieher von Kindheit an, welcher, dem Fleische nach aus edlem fränkischen Geschlechte geboren, durch Adel der Sitten und durch seine weisen Lehren den weltlichen Adel zierte und übertraf. Diesen geistigen Adel und diese Klugheit erwarb er sich bei dem heiligen Erzbischof und Märtyrer Bonifazius, seinem Lehrer, welcher zu Zeiten des sehr edlen Fürsten und Königs[1] der Franken, des älteren Karl[2] aus Britannien vom Volke der Angeln wie der Morgenstern ins Frankenland kam, aber unter den Königen Karlmann[3] und Pippin, den glorreichen Söhnen des Königs Karl, gleich der Sonne, wenn sie in ihrer Kraft strahlt, die Strahlen seiner Heiligkeit und seiner Lehre weithin verbreitete und fast alle Reiche der Franken, so lange er dem Leibe nach lebte, mit der ergiebigen Speise seiner Lehre erquickte und sie im Glauben und im Leben verbesserte. Nachdem er aber durch den heiligen Martertod von dieser Welt geschieden war, ließ er diese Reiche der Franken durch die auserwählten Samenkörner seiner Schüler nach dem Beispiele der göttlichen Saat Frucht bringen und wachsen bis auf den heutigen Tag. Unter diesen wurde der heilige Gregor wie ein hell leuchtendes Gestirn und eine Säule Gottes erfunden, der nach dem Tode seines Lehrers[4] in den Tagen des frommen

---

[1] Vielmehr major domus.
[2] So nennen Liudger und Altfrid Karl Martell im Gegensatze zu Karl dem Großen, welchen sie den jüngeren nennen. — [3] War nicht König.
[4] Im Jahre 754 oder 755; W. Arndt in der Uebersetzung seiner Lebensbeschreibung entscheidet sich für das Jahr 755.

und gütigen Königs Pippin als Nachfolger zu dem Volke der Friesen um zu predigen und zu unterrichten gesandt wurde. Seinem Meister, dem Märtyrer Bonifazius, hing der heilige Gregor von Anfang her an und ließ sich in die Zahl seiner Schüler aufnehmen.

2. Als der von Gott auserwählte Märtyrer Bonifazius nach dreizehnjähriger Pilgerfahrt in Friesland[1], während deren er auf der Südseite des Almarus[2] als armer Bote des Evangeliums und fast ganz allein seinen Aufenthalt an drei Orten genommen, deren Namen folgende sind: Wyrde[3] am Ufer des Rheines, wo er sieben Jahre lang wohnte, Attingahem[4] am Flusse Fehta[5], wo er drei Jahre lang wohnte und wo er den ersten Schüler Namens Gemberht mit dem Beinamen Gebbo hatte, und Felisa[6], welches den unwissenden Heiden näher lag und wo er gleichfalls drei Jahre lang wohnte — als er, wie gesagt, nach Verlauf dieser dreizehn Jahre, von Gott gemahnt, zu den Hessen und Thüringern und in die östlichen Länder der Franken zu ziehen im Begriffe war, um diese Völker für Gott zu gewinnen[7], kam er in das Frauenkloster Palatiolum[8] nahe bei der Stadt Trier am Ufer des Flusses Mosel, welchem damals eine Aebtissin Namens Abbula vorstand, eine sehr fromme und gottesfürchtige Frau. Als diese den Streiter des Herrn als dürftigen Pilger zu ihrer Herberge kommen sah, empfing sie ihn freundlich, indem sie jener göttlichen Mahnung folgte: „Ich bin ein Fremdling gewesen und ihr habt mich beherbergt"; [9] und nachdem der heilige Wanderer Bonifazius nach seiner Gewohnheit das heilsame Meßopfer dargebracht hatte,

---

[1] Bonifazius war nur vom Jahre 716 bis 717, dann wieder von 719 bis 722 in Friesland, wie aus Willibalds Leben des Bonifazius und den Briefen des Heiligen ersichtlich wird, die Zahl 13 ist demnach viel zu hoch gegriffen, und was über den Aufenthalt in den einzelnen friesländischen Orten berichtet wird, falsch.

[2] Zuyderfee. — [3] Wörden unterhalb Utrecht. — [4] Vermuthlich Achtienhoven, Provinz Utrecht. — [5] Vecht. — [6] Velzen, nördlich von Harlem am Y. — [7] Im Jahre 722. — [8] Pfalzel. — [9] Matth. 25, 35.

## Bonifazius lernt Gregor kennen.

wie er dies fast jeden Tag that, setzten sie sich zu Tische, nämlich er selbst und die Magd des Herrn, Aebtissin Abbula, mit ihrer Gemeinde. Als sie aber bei Tische saßen, wollten sie beim heiligen Mahle sich nicht mit Wein füllen, sondern vielmehr Trost in der heiligen Schrift suchen, damit durch deren Anhörung ihr Glaube entzündet und ihre Hoffnung und Liebe zu Gott erneuert würde, welcher will, daß alle Menschen selig werden und zur Erkenntniß der Wahrheit gelangen. Nun wurde ein Vorleser gesucht und nach göttlicher Anordnung fand man den auserwählten Knaben Gregor, der um diese Zeit, noch im weltlichen Gewande und etwa vierzehn oder fünfzehn Jahre alt[1], eben von der Schule und der Pfalz[2] zurückgekehrt und zu seiner Großmutter gekommen war, nämlich zu der Mutter seines Vaters Albrich[3], der oben genannten gottesfürchtigen Aebtissin Abbula. Es wurde ihm ein Buch gegeben und nach empfangenem Segen begann er zu lesen, und für sein Alter gut zu lesen. Nachdem er aber die Lesung beendet und nach kirchlichem Gebrauche mit Gebet geschlossen hatte, sprach ihn der heilige Lehrer, der die Fähigkeit und das Geschick des Jünglings erkannt hatte, mit folgenden lobenden Worten an: „Du liesest gut, mein Sohn, verstehst du auch, was du liesest?" Jener aber, der zu dieser Zeit nach den Worten des Apostels[4] noch dachte wie ein Kind und sprach wie ein Kind, antwortete, er verstände was er gelesen. Aber der Heilige redete nach den Regeln der Vernunft weiter mit ihm und sprach: „Sage mir, wie verstehst du, was du liesest?" Dieser dagegen begann seine Lesung von vorne und wollte wieder lesen wie das erstemal. Der treffliche Lehrer jedoch unterbrach ihn mit den Worten: „Nicht also, mein Sohn, ich bitte, sage mir jetzt, was du ge-

---

[1] Demnach ist Gregor um das Jahr 707 geboren.
[2] Er hatte also die Hofschule besucht; seine Großmutter Abbula soll eine Tochter Dagoberts II gewesen sein, nach einer freilich nicht unverdächtigen Urkunde. W.
[3] Der Vater dieses Albrich ist nicht bekannt. — [4] 1 Kor. 13, 11.

lesen, aber in deiner Mundart und in deiner Muttersprache."
Dieser, auf richtige Weise von seinem Meister überführt, fand
keinen Ausweg mehr und gestand, daß er dies nicht thun
könnte. Da sprach der heilige Bonifazius: „Willst du, mein
Sohn, daß ich es dir erkläre?" worauf dieser: „Ich will,"
Bonifazius aber: „Wiederhole von Anfang deine Lesung und
lies langsam," was dieser auch that. Darauf nahm der heilige Meister das Wort und begann, mit erhobener Stimme der
Mutter und der ganzen Gemeinde zu predigen. Aus welcher
Quelle diese Predigt kam, das wurde sofort ersichtlich an der
Sinnesänderung des talentvollen und fähigen jungen Gregor,
weil nicht durch menschliche Beredsamkeit, welche die Leute oft
eine Zeit lang täuscht, sondern durch die Gnade des heiligen
Geistes gemäß dem Versprechen des Evangeliums[1] Ströme des
lebendigen Wassers aus dem Leibe des Lehrers flossen, hervor-
sprudelnd zum ewigen Leben und das gelehrige und empfäng-
liche Herz des jungen Gregor mit solcher Kraft und so rasch
durchdringend, daß er auf diese eine Predigt und Ermahnung
eines bis dahin unbekannten Lehrers seiner Eltern und seines
Vaterlandes vergaß. Von der Stunde an, wo der heilige Lehrer
seinen Vortrag beendet hatte, wollte er nicht wieder von ihm
getrennt sein, ging zu seiner Großmutter, der genannten ehrwürdigen Aebtissin Abdula, und sagte, er wollte mit diesem
Manne ziehen und, um die göttlichen Bücher kennen zu lernen,
sein Schüler werden. Jene aber, von fleischlicher Liebe befangen, wies ihn sofort zurück und erklärte, dies könnte auf keinen
Fall geschehen. Aber wie geschrieben steht[2], „viele Gewässer
konnten die Liebe nicht erlöschen," so beharrte der junge Gregor
auf seinem Entschlusse und sprach zu seiner Großmutter: „Wenn
du mir kein Pferd geben willst, daß ich mit ihm reiten kann,
so werde ich ohne Zweifel zu Fuß mit ihm ziehen." Und so

---

[1] Joh. 7, 38. — [2] Hohes Lied 8, 7.

stritten sie längere Zeit über die Reise des Jünglings hin und her; endlich aber trug die Liebe des auserwählten jungen Gregor, wie es billig war, den Sieg über die nur fleischliche Liebe der Frau davon. Die Dienerin Gottes Abbula gab ihm selbst, weil sie eine verständige Frau war und den unbeugsamen Sinn des Jünglings erkannte, Diener und Pferde und ließ ihn mit dem heiligen Lehrer ziehen zu dem Werke, das sie bis zu seinem Martertode gemeinschaftlich vollbrachten. . . . .

. . . Darauf setzten die Auserwählten Gottes die beabsichtigte Reise fort und kamen nach Thüringen. Zur Vermehrung ihres Verdienstes und zur Erprobung ihrer Standhaftigkeit und Ausdauer fanden sie dieses Volk in so großer Armuth, daß kaum Einer etwas hatte, wovon er leben konnte, wenn er es nicht von weither sammelte, um damit für kurze Zeit seiner Noth abzuhelfen. Denn jene ganze Gegend, welche an die aufständigen Heiden grenzte, war zu jener Zeit durch Feindes Hand verbrannt und verheert. Aber dieser Nothzustand konnte die Diener Gottes und Prediger des Volkes Gottes keineswegs schrecken, so daß sie deswegen sich dem Amte entzogen hätten, ihnen den ganzen Rathschluß Gottes zu verkündigen. Vielmehr fingen sie nach dem Beispiele der Apostel an, durch ihrer Hände Arbeit sich und denjenigen, welche mit ihnen waren, das Nöthige zu verschaffen, und bei jenem Volke in seinen Prüfungen unerschütterlich auszuharren, allenthalben zu predigen und zum himmlischen Reiche einzuladen. Bei solchen Bemühungen verharrend hatten sie, wie in den ersten Zeiten der Kirche, ein Herz und einen Sinn, und Gott vermehrte täglich ansehnlich die Zahl derjenigen, welche gerettet werden sollten. Der Ruf des heiligen Lehrers und zukünftigen Märtyrers Bonifazius verbreitete sich über alle östliche Reiche der Franken, und auch der auserwählte junge Gregor nahm in seiner Schule zu, wie an Alter, so an Weisheit und wurde seinem Lehrer so lieb, daß er ihn wie seinen einzigen Sohn schätzte, an dem er bereits einen treuen Gehilfen hatte bei jeglichem guten Werke. Diese Erfolge der Auserwählten Gottes wurden aber nicht errungen in Reichthum und weltlichen Vergnügungen, noch in Sicherheit und Wohlsein des zeitlichen Lebens, sondern in Hunger und Blöße unter vielen Beschwerden, bei welchen sie gezwungen waren, von der Arbeit ihrer Hände zu leben und öfters vor den Verfolgungen der benachbarten Heiden unter Todesgefahr zugleich mit ihrem Volke in die Stadt[1] zu fliehen, wo sie bei kärglichem Brode und unter Sorgen mehrere Tage zubringen mußten, bis die Bürger ihre Streitkräfte gesammelt hatten und die Feinde mit Uebermacht wieder vertrieben. Weil sich aber diese Kämpfe zwischen Heiden und Christen unzählige male wiederholten, so wurde eine beträchtliche Strecke jener Gegend hüben und drüben zur Einöde. Bei diesem heftigen und gewaltigen Streiten jener Tage, unter Kampf und Kampfgetümmel, ließ sich der auserwählte Hirte Bonifazius niemals von der Bewachung und dem Unterrichte seiner Herde abhalten, vielmehr war er um so mehr entschlossen und bereit, sein Leben für seine Schafe zu geben, je öfter und je heftiger er die Wuth der Wölfe drohen sah. Eben so verharrte auch Gregor, sein treuer Schüler und unermüdlicher Gehilfe, bei dem Meister im Weinberge des Herrn und wurde in Bewachung und Führung der Gemeinde ein zweiter Hirte Christi. Dies währte auf diese Weise so lange, bis durch die Gnade Gottes die christliche Macht den Sieg davon trug und den Gemeinden Gottes ein ungestörter Friede zurückgegeben wurde. Dieselben wurden ohne Unterlaß erbaut, wuchsen und nahmen zu in der Furcht des Herrn, wie

---

[1] Städte gab es damals in Thüringen nicht, und wir haben uns diese civitas zu denken als einen Ringwall, in welchen die Bevölkerung flüchtet, welche nun mit dem Namen cives bezeichnet wird. So ist es auch zu verstehen, wenn Bonifazius Erfurt als eine urbs paganorum rusticorum bezeichnet. Solcher Art sind die Bauernburgen der Siebenbürger Sachsen. W.

man dies heutzutage sieht, wenn man einen Blick auf jene Gegenden wirft. . . . .

3. Darauf begannen die vornehmeren und einsichtigeren Franken, welche Gelegenheit hatten, den auserwählten Märtyrer Bonifazius und seine Schüler, den ehrwürdigen Gregor und dessen Gefährten, in ihren erfolgreichen Arbeiten und in ihrer unerschütterlichen Ausdauer kennen zu lernen, von Tag zu Tag mehr, ihnen ihre Habe darzubringen und ihre Frömmigkeit und Einigkeit dem Könige der Franken, dem älteren Karl, zu rühmen. Dieser wollte auch selbst den Mann Gottes Bonifazius sehen und ließ ihn zu sich entbieten.[1] Als er kam, wurde er anfangs nicht gleich mit der ihm gebührenden Ehre empfangen[2] und demgemäß hingehalten, weil einige falsche Lehrer und Schmeichler[3] es gewagt, den Ruf des heiligen Mannes und seiner Schüler beim Könige anzuschwärzen und zu verringern. Gleichwohl nahm von diesem Tage an die Liebe und Ehrfurcht vor dem Manne Gottes und seinen Schülern zu bei Allen, welche den Glauben und das Leben derselben kennen zu lernen und zu erforschen in tiefster Seele verlangten, und es wurde nach dem Ausspruche des Evangeliums[4] die Weisheit gerechtfertigt von allen ihren Kindern. Die Auserwählten Gottes kehrten nach Hause zurück und verharrten mit aller Entschlossenheit bei ihrem begonnenen guten Werke unter den Thüringern und Hessen, welche damals wegen der Nähe der Heiden und wegen der Unwissenheit des Volkes ihrer Lehre und Unterweisung am meisten bedurften. Sie fingen daselbst auch an,

---

[1]) Das erste mal kam Bonifazius aus eigenem Antriebe zu Karl Martell, und zwar im Jahre 723, auf der Rückkehr von seiner zweiten Romreise; bis dahin hatte er nur wenige Monate des Jahres 722 in Thüringen und Hessen zugebracht.

[2]) Willibald sagt, er sei von Karl „ehrerbietig aufgenommen" worden.

[3]) Man weiß nicht, wer diese Gegner waren; vielleicht sind die später als Ketzer erklärten Aeldebrecht und Clemens gemeint. (Nach dem, was im 4. Kap. von ihnen gesagt wird, scheinen mir vielmehr fränkische Bischöfe gemeint zu sein. W.)

[4]) Luc. 7, 35.

kleine Orte und Grundstücke von jenen anzunehmen, welche dieselben aus Liebe zu Gott und zum Heile ihrer Seelen darbrachten, Kirchen darauf zu erbauen und dadurch, wie durch ihre Predigten, mit dem Segen Gottes großen Nutzen zu stiften. Von diesen Orten ist einer Erpesford⁵ in Thüringen und ein anderer Frideshlar⁶ in Hessen, mit noch einigen anderen, welche die Auserwählten Gottes gründeten und mit Gottesdienst zierten. Der Reichthum dieser Orte wuchs, die Zahl der Schüler wuchs und wurde durch ihre Arbeiten nützlich; es wuchs auch der fromme Jüngling Gregor mit seinem heiligen Lehrer in jeglichem guten Werke.

4. Während dies so durch die Auserwählten Gottes, Bonifazius und seine Schüler, geschah, folgten dem Vater Karl die frommen Söhne Karlmann und Pippin¹ in der Regierung, da der Vater die Schuld alles Fleisches bezahlte und von dieser Welt hinüber ging. Und da die frommen Söhne dem Vater in der Regierung folgten und durch die Gnade Christi allenthalben weniger durch Kriege beunruhigt waren als ihr Vater, fingen sie auf die Eingebung Gottes an, dem Gottesdienste in ihrem Reiche mehr Aufmerksamkeit zu schenken und denselben zu verbessern. Dies erfuhr der heilige Bonifazius, der zukünftige Märtyrer, und seine Schüler und sie begannen den Hof fleißiger zu besuchen als früher, sich mit den Königen zu unterreden und mit der ihnen von Gott gegebenen Weisheit den Leuten bei Hof selbst zu predigen. Und bei den genannten Königen und dem ganzen Volke der Franken stiegen sie so sehr in der Gunst, daß Alle einstimmig erklärten, der heilige Bonifazius wäre des bischöflichen Amtes und aller Ehren am würdigsten, mit Ausnahme jener falschen Lehrer und Schmeichler, von welchen ich oben gesprochen, die ihn sogar zu ermorden suchten. Aber der Herr, sein Beschützer, ließ ihn nicht in

---

¹) Erfurt. — ²) Fritzlar. — ³) Im Jahre 741.

ihre boshaften Hände fallen, bis er nach dem Ausspruche des Evangeliums[1] verkündigte seinen Arm Kindeskindern und seine Kraft Allen, die noch kommen sollten. Sie fingen daher an, ihm zu widersprechen und ihn zu verleumden, und behaupteten, er wäre des bischöflichen Amtes nicht würdig, weil er ein Ausländer war. Die Laien waren aber damals um so viel gesünderer Ansicht als die Geistlichen, daß sie erkannten, die Weisheit und Gnade Gottes wohne diesem Manne inne, so daß der Heilige, je mehr diese verkehrtesten, ich sage nicht Bischöfe, weil dieser Name ihnen unverdient gegeben wurde, denselben anzuschwärzen suchten, um so mehr von Allen geliebt und mit Lobsprüchen erhoben wurde, bis sie deshalb in Streit geriethen vor den Königen und vor dem gesammten Rathe des Frankenvolkes. Aber was nützt es, von jenem Streite zu sprechen, den sie untereinander hatten, nämlich jene Verkehrtesten, die ich nicht nennen will, einerseits und der heilige Bonifazius mit seinen Schülern, Gregor und dessen Gefährten, andrerseits; weil die Feinde beschämt und widerlegt vom gesammten Rathe und den Königen selbst von dannen gingen und der heilige Bonifazius, der zukünftige Märtyrer, dahin gelangte, daß er ohne Widerspruch und einstimmig zu der erhabensten Bischofswürde erkoren und Mainz ihm von den Königen als Metropolitansitz angewiesen wurde[2], um denselben zu behüten und zu regieren. Wie sehr von diesem Tage an seine Weisheit im ganzen Frankenreiche bekannt wurde und wie viele Kirchenversammlungen er zur Besserung des Volkes mit den frommen Königen abgehalten, das soll jetzt in diesem Büchlein nicht gesagt werden, da er gleich der Sonne im Tempel Gottes strahlte und durch seine Predigten und sein Beispiel alle Uebel heidnischer und ketze-

---

[1] Psalm 70, 18.
[2] Dies geschah nicht gleich bei seiner Ordination als Bischof, sondern erst zwischen den Jahren 745 und 747; zum Bischof war er schon 722 geweiht.

rischer Bosheit verscheuchte, und weil dies Alles in dem Buche, das über sein Leiden geschrieben wurde¹, vollständig und ausführlich mitgetheilt ist.

5. Bei dem Allem wurde er aber nicht wenig unterstützt von seinen auserwählten Schülern, welche nach ihrem Meister die berühmtesten Prediger und Säulen der Kirche Gottes waren und deren jeder seine Stadt und Gegend gleich dem in der Frühe aufgehenden Morgenstern erleuchtete, durch Beispiel nämlich und Unterricht. Der heilige Gregor erleuchtete die alte Stadt Trajectum und den weitberühmten Flecken Dorstadt², mit jenem Theile Frieslands, der damals zur Christenheit gerechnet wurde, nämlich bis zum westlichen Ufer des Lagbeki³, wo, so lange König Pippin lebte, die Grenze zwischen den christlichen und heidnischen Friesen war. Lullus besorgte die Metropolitanstadt Mainz mit dem größten Theile der Ostfranken, welche in dem Sprengel dieser Stadt wohnen. Megingod, der ehrwürdige Vater und Hirte der ihm anvertrauten Herde, würzte mit dem Salze seiner Weisheit und seiner Lehre und überwachte die Stadt Wirzeburg mit der umliegenden Gegend.⁴ Auf gleiche Weise besserte und bewachte Willibald, der von Gott auserwählte Vorsteher, das Bisthum, das jetzt Hehstedi⁵ genannt wird, in dem uns zunächst liegenden Theile Bayerns, das heißt im Nordgau, das er⁶, wie ein frommer Vater, neu errichtet hatte. Auch der Bruder des genannten Willibald, der Priester Winnibald⁷, meinem Erzieher, dem heiligen Gregor, sehr theuer, erleuchtete auf das glücklichste seinen Ort und des-

---

¹) Hier ist ohne Zweifel Willibalds Leben des hl. Bonifazius gemeint, da in der andern, von einem Utrechter Priester verfaßten, Lebensbeschreibung nichts über die von dem Heiligen abgehaltenen Kirchenversammlungen berichtet wird.

²) Wigk by Duurstede, damals noch ein vielbesuchter Handelsplatz.

³) Lauwers, mündet in den gleichnamigen Golf zwischen den niederländischen Provinzen Gröningen und Friesland.

⁴) Als Nachfolger Burghard's, des ersten Bischofs von Würzburg.

⁵) Eichstädt. — ⁶) Bonifazius. — ⁷) Abt von Heidenheim.

sen Umgegend und zeigte nach seinem Tode[1] durch staunenswerthe Wunder, was er im Leben gethan. Was aber Sturmi, der ehrwürdige Abt[2], einer aus jener Zahl der Auserwählten Gottes, nach dem Martertode des heiligen Bonifazius in seiner Einöde Gutes gewirkt hat, das bezeugt der Wald Bocanna[3], der früher gänzlich unbewohnt und wüst war, jetzt aber von Ost nach West und von Nord nach Süd mit Kirchen Gottes und erlesenen Rebzweigen von Mönchen erfüllt ist. Dieser Abt Sturmi erlangte auch von Gott und dem heiligen Lehrer vor seinen übrigen Mitschülern das Vorrecht, daß er diesen Ort, den sich der Meister zur Grabstätte auserschen, als erster Abt besitzen und leiten, und den gemarterten heiligen Leib daselbst aufnehmen durfte, und er machte denselben so angesehen und berühmt, daß er vor seinem Abscheiden von dieser Welt[4] in dem am Flusse Fulda erbauten Kloster der Vater und Lehrer von ungefähr vierhundert Mönchen war, die Novizen und andere geringere Leute, deren es sehr viele gab, nicht eingerechnet.

6. Zwei von diesen Auserwählten Gottes, Wigbert[5] und Burghard[6], verließen diese Welt vor ihrem Lehrer . . . . .

7. Darauf wurde der heilige Bonifazius, der zukünftige Märtyrer, auf Befehl der frommen Könige mit Beistimmung des gesammten Rathes der Franken nach Rom zu dem Papste Gregor, dem dritten dieses Namens, vom ersten an gerechnet, geschickt, um zum Bischof geweiht zu werden.[7] Daselbst wurde ihm zugleich mit der bischöflichen Weihe wegen der ihm von Gott verliehenen gesegneten Wohlredenheit vom Papste der Name Bonifazius gegeben[8], der jetzt allgemein bekannt und verbreitet ist, während er früher Winfrid genannt wurde . . . . .

---

[1]) Im Jahre 761. — [2]) Von Fulda. — [3]) Buchonia, die Umgegend der Stadt Fulda. — [4]) Am 16. December 779. — [5]) Abt von Fritzlar. — [6]) Bischof von Würzburg. — [7]) Bonifazius wurde bereits im Jahre 722, bei seiner zweiten Romreise, von Papst Gregor II zum Bischof geweiht. — [8]) Dasselbe berichtet Wilibald in seinem Leben des Bonifazius von Gregor II.

8. Auf dieser Reise, bei welcher der heilige Märtyrer Bonifazius zu Rom, wie gesagt, durch die heilige Weihe erhöht wurde, blieb mein Erzieher, der heilige Gregor, als unermüdlicher Begleiter bei seinem erwählten Lehrer, ging und kam nach seinen Befehlen, wie er es immer gewohnt war bei jedem guten Werke. Und nicht nur erwarb er sich auf dieser Reise das Verdienst der Demuth und des Gehorsams, wie es den Jüngeren zukommt, in Allem den Aelteren und höher Gestellten unterthan zu sein, sondern er verschaffte sich daselbst mit der Gnade Gottes auch mehrere Bücher heiliger Schriften und brachte sie mit nicht geringer Mühe von dort nach Hause zu seinem und seiner Schüler Nutzen. Auch zwei Knaben, die Brüder Marchelm[1] und Marcwin, vom Volke der Angeln, nahm er mit Erlaubniß seines Meisters als Schüler mit sich. Von Marchelm, dem älteren der beiden, einem frommen und heiligen Manne, werde ich, wie es gebührt, an geeigneter Stelle mit Gottes Hilfe mehr sagen.[2] Darauf kehrte die glückselige Gesellschaft, nämlich der heilige Lehrer und seine auserwählten Schüler, durch eigenes Verdienst und durch das Gebet der gesammten Geistlichkeit und Familie des heiligen Petrus dem Herrn und seinen Heiligen empfohlen, nach Hause zurück, von jenem Tage an fortschreitend und wachsend in jeglichem guten Werke, indem sie die Wege des Herrn wiesen, die sie selbst gingen, und nicht nur das Volk und die vornehmen Franken, sondern auch die frommen Könige selbst nicht wenig mit dem Salze der göttlichen Weisheit durchdrangen. . . . .

9. Weil ich aber bisher gemeinsam und ohne Unterscheidung bald von dem heiligen Meister Bonifazius, bald von dem seligen Gregor, seinem auserwählten Schüler, das Wenige, was

---

[1] Von diesem ist auch in Altfrids „Leben Liudgers" 13. u. 18. die Rede.
[2] Dies geschah vielleicht in dem verloren gegangenen zweiten Theile; in dem uns erhaltenen wird Marchelms nur im Kap. 10 mit wenigen Worten gedacht.

mir möglich war, aus dem großen Vorrath über ihren heiligen
Wandel zum Nutzen der Hörer und zum Vorbild für die Nach=
welt aufgezeichnet habe, so will ich nun hinführo ganz beson=
ders die Thaten und Tugenden des seligen Gregor und das
Andenken seiner heilbringenden Predigt, wodurch ich unwür=
diger von meiner Kindheit an erzogen zu werden, und wobei
zugegen zu sein ich gewürdigt bin, in kurzen Worten mitzu=
theilen nicht unterlassen. Und zunächst glaubte ich von ihm ein
würdiges und der Erinnerung werthes Werk, welches er in
evangelischem Sinne gethan, berichten zu sollen, wodurch er die
Vergebung den Feinden gegenüber mit bewunderungswürdiger
Liebe allen Nachkommen zum heilsamen Vorbild gezeigt hat.
Er hatte von der Seite seines Vaters edle und ausgezeichnete
Brüder; von der Mutter aber waren andere Söhne geboren,
welche an Alter und Vermögen jenen nachstanden und ihnen
dienen mußten. Es geschah nun, daß einige von den älteren
Brüdern, vom Könige sehr geehrt, in die entfernteren Theile
Galliens geschickt wurden, wohin die Jüngeren ihnen folgen
und sich ihnen anschließen mußten. Als sie aber nach einiger
Zeit ihre Verwandten und ihre Heimat aufsuchen wollten und
von ihren Herren Urlaub erhalten hatten, begannen zwei Halb=
brüder meines Lehrers Gregor sich aufzumachen, um nach Fran=
cien, dem Lande ihrer Geburt, gelangen zu können. Unter=
wegs wurden sie, während sie in jugendlicher Kühnheit sorg=
loser, als nöthig war, wanderten, in einem Walde von grau=
samen Räubern umringt und getödtet. Diese traurige Nachricht
konnte ihren Herren nicht verborgen bleiben, welche in jener
Zeit ein ansehnliches Fürstenthum in dieser Gegend hatten. So=
bald sie es erfuhren, schickten sie ringsumher ihre Leute aus,
um die Räuber und Mörder aufzusuchen und zu greifen. Sie
wurden auch gefunden und ergriffen und gebunden vorgeführt.
Und obgleich sie nun jeder Strafe und des grausamsten und

raschen Todes würdig erschienen, so dachten doch die Brüder wegen der Wertschätzung und Liebe ihres älteren und gemeinsamen Bruders Gregor, diesem nach dem Tode seiner Liebsten etwas Trost zu gewähren, wenn sie die Mörder zu ihm gelangen ließen, auf daß er zur Genugthuung und zur Linderung seines Schmerzes sie selbst mit der ihm beliebigen Todesart hinrichten ließe. Das thaten sie auch, und ließen zwei von ihnen ihm vorführen, indem sie in fleischlicher Weise dachten nach der thörichten Weisheit dieser Welt, welche nicht ihrer Feinde in Barmherzigkeit zu schonen versteht. Er aber, als ein geistlicher Mann, belehrt von dem Herrn Jesus Christus und seinem heiligen Evangelium, wo, wie er gelernt hatte, geschrieben steht[1]: „Liebet eure Feinde, thut wohl denen, die euch hassen, auf daß ihr Kinder seid eures Vaters, der im Himmel ist," nahm sie in geistlicher Weise und mit Freuden auf, indem er bedacht war auf sein eigenes ewiges Heil und seiner getödteten Brüder Erlösung und auf ein Beispiel, welches den Nachkommen Nutzen bringe, und ließ sie von den Banden lösen und baden, mit reinen Gewändern kleiden und mit Speise erquicken. Dann ließ er sie sich vorführen und gebot ihnen: „Gehet in Frieden und sehet euch vor, daß ihr nicht wieder eine solche Unthat verübet, damit euch nicht etwas Schlimmeres zustoße." Und er ließ sie in Frieden geleiten und warnte sie mit väterlicher Liebe, daß sie sich vor seinen übrigen Verwandten vorsichtig und sorgsam hüten möchten. . . . .

10. Aber auch das ist keineswegs mit Stillschweigen zu übergehen, was ich durch den ehrwürdigen Marchelm erfahren habe, dessen ich oben gedachte, daß nach dem Martertode des heiligen Lehrers, durch dessen Heiligkeit mit der Gnade Christi alle benachbarten Völker erleuchtet wurden, der selige Gregor selbst von Stephan, dem Bischofe des heiligen Stuhles, und

---

[1] Matth. 5, 44.

von dem erleuchteten und frommen Könige Pippin die Vollmacht erhielt, in Friesland das Wort Gottes auszusäen, wo als der erste der heilige Willibrord mit dem Beinamen Clemens, der Erzbischof, mit seinen Schülern durch Bekehrung jenes Volkes den Grund des christlichen Glaubens gelegt hat. Darauf folgte, nachdem dieser im Weinberge des Herrn ergraut war und den Bischofssitz in dem Orte, der Trajectum und mit anderem Namen Wiltaburg genannt wird, fest begründet hatte, der heilige Bonifazius, gleichfalls Erzbischof und Märtyrer [1], den ich noch mit meinen Augen selbst gesehen habe als einen silberhaarigen, vom Alter gebeugten Greis, reich an Tugenden und Verdiensten. Zu dieser Zeit war in seiner Schule, wie ich oben bemerkt habe, mein Erzieher, der selige Gregor, von Jugend auf von ihm herangebildet, dem er auch als frommer Erbe folgte, vom Herrn und von den genannten Fürsten der Kirche Gottes zum Hirten und Prediger des friesischen Volkes ernannt. Mit derselben Liebe und Glaubensstärke wie sein Vorgänger, nämlich der heilige Erzbischof und Bekenner Willibrord und der heilige Erzbischof und Märtyrer Bonifazius, erleuchtete auch er zugleich mit seinem Chorbischof und Gehilfen Aluberht, der, durch hohes Verdienst glänzend, aus Britannien vom Volke der Angeln gekommen war [2], jenes Volk durch häufigen und lieblichen Unterricht nach Kräften.

11. Daß der selige Gregor auch durch reichen Segen in seinen Schülern von Gott belohnt ist, das bezweifelt niemand, der dieses auserlesenen Mannes Verdienste zu erwägen und den köstlichen Schatz seiner Weisheit zu erforschen nicht verschmäht. Deshalb scheint auch das des Andenkens werth zu sein, wie er seine Schüler, indem er mit ihnen ein gemeinsames Leben

---

[1] Bonifazius folgte Willibrord nicht als Bischof von Utrecht, sondern Karlmann überwies ihm diesen Sitz, um für denselben einen Bischof zu ernennen und zu weihen. — [2] Siehe „Leben Liudgers" 10.

führte, wie ein Vater seine Söhne erzog und liebte, und mit jedem einzelnen in solcher innigen Zuneigung verbunden war, daß er jenes heilige und herrliche apostolische Zeugniß nicht allein mit den Lippen aussprach zur Erbauung der Hörer, sondern auch in der That und Wahrheit allen zur Nachahmung darstellte, welches über die Berufung und Erwählung aller Völker von dem seligen Apostel Petrus mit diesen Worten ausgesprochen ist[1]: „In allerlei Volk, wer Gott fürchtet und recht thut, der ist ihm angenehm." Seine Schüler waren nämlich nicht aus einem Volke, sondern aus der Blüthe aller benachbarten Völker gesammelt, und von solcher Liebe, Sanftmuth und geistlicher Heiterkeit beseelt, daß man sonnenklar erkannte, daß sie von einem geistlichen Vater und von der Mutter aller Tugenden, der Liebe, hervorgebracht und vereinigt waren. Einige von ihnen waren von dem edeln Stamme der Franken, einige von dem frommen Volke der Angeln, einige aber auch aus der neuen Pflanzung Gottes, die in unseren Tagen bei den Friesen und Sachsen angelegt war, einige endlich von den Bayern und Schwaben, welche dieselbe Religion hatten, oder von welchem Volke oder Volksstamme immer sie Gott schicken mochte. Der geringste von ihnen bin ich, ein unbedeutender und schwacher Zögling. Diesen allen, die von überall her in einen Schafstall versammelt waren, reichte der fromme Vater und Hirte Gregor mit gleicher Aufopferung die geistliche Speise der Lehren und Aussprüche Gottes und die leibliche Nahrung; und er war von Gott mit solcher Liebe und solchem Eifer zum Unterricht seiner Schüler begabt, daß fast kein Tag verging, an dem er nicht schon am frühen Morgen jedem einzelnen, der kam, mit väterlicher Sorgfalt, wie es jeder bedurfte, den Becher des Lebens gereicht und die Herzen seiner Söhne mit Aussprüchen Gottes erquickt hätte. Sehr viele seiner Schüler waren aber

---

[1] Apostelgesch. 10, 35.

auch von so gutem Adel und mit solchem Talent und solcher Gottesgelehrtheit begabt, daß sie bis zur Höhe der bischöflichen oder priesterlichen Würde gelangten und mit Recht dazu berufen wurden. Sehr viele von ihnen aber, welche auf gleiche Weise erzogen waren, wurden, wenn sie auch nicht zu so hoher Würde gelangten, doch ihrer Tugenden und Wissenschaften wegen hochgeschätzt und ob ihrer Liebe zu Gott so lange sie lebten von Allen werth gehalten. . . . . .[1]

14. Da nun mein Erzieher, der selige Abt Gregor, bei solchen Erfolgen und verdienstlichen Arbeiten immer mehr im Guten zunahm und dem siebzigsten Lebensjahre schon nahe war, von Gott geliebt und von den Menschen in Allem als gerecht befunden, nahte der Tag, an welchem der Herr seinen Streiter, um ihn noch mehr zu vervollkommnen, in den Himmel aufnehmen wollte, auf daß er ihm den Lohn ertheilte, der seinen Tugenden und seinen fruchtbringenden Arbeiten gebührte. Er wurde auf der linken Seite seines Leibes von jenem Leiden befallen, das die Aerzte Paralysis nennen, und da dasselbe von Tag zu Tag zunahm und beschwerlicher wurde, züchtigte der Herr nach dem Ausspruche der Schrift seinen Sohn während dieser Pilgerschaft, um ihn demnächst in das Vaterland der himmlischen Wohnungen aufzunehmen. Denn er war drei Jahre lang vor seinem Tode mit diesem Leiden behaftet. Die Krankheit war aber von der Art, daß es ihm anfangs noch möglich war, zu seinem und seiner Untergebenen Heile zu gehen oder sich an der Hand führen zu lassen und erbauliche Gespräche zu führen. Und dies vergaß er auch keinesweges zu thun, vielmehr ließ er seinen Zuhörern, wie er es immer gewohnt war, die Bücher des göttlichen Gesetzes und die Ermahnungen zu ihrem Seelenheile zukommen. Meinen besseren Mit-

---

[1] In den beiden folgenden Kapiteln werden seine Uneigennützigkeit, sein enthaltsames Leben, seine Sorge für die Armen geschildert.

schülern übergab er während seiner Krankheit mehrere Bücher, und mir, dem unbedeutenden Liudger, gab er das Buch des heiligen Augustin, welches dieser selbst Enchiridion, das ist Handbuch, genannt hat.

**15.** . . . . Im dritten Jahre nach Beginn seiner Krankheit wurde er gleich dem Golde, das im Feuer geläutert wird, infolge der Schmerzen so schwach, daß er, wohin es immer nöthig war, getragen werden mußte. Aber auch jetzt ließ der Ehrwürdige nicht ab vom Werke des Herrn, sondern ließ sich ohne Unterbrechung entweder die heiligen Bücher vorlesen, oder, um seinen Geist für das Himmlische zu erwecken, Psalmen singen; und als er seinem Ende nahe war, wurde sein schwacher Leib, welcher fortdauernd zu Bett liegen mußte, weiß und glänzend wie Milch oder weiße Wolle, so daß die, welche ihn sahen, daran erkennen konnten, wie rein seine Seele vor den Augen Gottes war. Da fingen die Verwandten und Freunde beiderlei Geschlechtes, die bei ihm waren, zu jammern und zu klagen an, sowohl wegen seines rasch herannahenden Endes als auch wegen der Zögerung seines geliebten Sohnes Albrich, auf welchem alle Hoffnung des ganzen Hauses[1] ruhte. Derselbe war um diese Zeit im königlichen Dienste in Italien beschäftigt und Niemand wußte, wann er kommen würde. Als dies der gottgeliebte Vater Gregor hörte, hatte er Mitleid mit den Trauernden und suchte sie zu trösten, unbekümmert um sich selbst, aber besorgt um den Sohn, und wie er dies früher und in gesunden Tagen bei allgemeinen Gesprächen häufig gethan, so sprach er auch jetzt ein prophetisches Wort, indem er sagte: „Fürchtet nichts, ich werde nicht sterben ehe er kömmt." Wie richtig er dies im Geiste vorausgesehen, zeigte der Erfolg, denn drei oder vier Tage vor seinem Hingange kam der lange er-

---

[1]) Nämlich der Utrechter Klosterschule. Albrich war, wie aus dem Leben Liudgers 15. ersichtlich wird, der Neffe Gregors und wurde auch dessen Nachfolger.

sehnte und auserwählte Sohn, unvermuthet und ohne daß außer seinem geistlichen Vater, der seine Ankunft lange vorher vorausgesagt, Jemand etwas davon gewußt hatte. Und nachdem sie diese letzten drei oder vier Tage ununterbrochen mit dem allgemeinen Besten und dem der ganzen Familie[1] beschäftigt waren, indem sie sich klaren Geistes über alles Beliebige besprochen hatten, kam ihm der letzte Tag dieser Sterblichkeit, bestimmt zum Einzuge in das himmlische Reich und zur ewigen Glückseligkeit. Seine Schüler umstanden ihn und wünschten, ihren Vater, wenn auch krank, noch länger bei sich zu haben, und beseelt von diesem Wunsche sprachen sie untereinander: „Er stirbt heute nicht, er stirbt heute nicht." Er aber raffte alle seine Kräfte zusammen und sprach: „Heute will ich die Freiheit haben." Mit diesen Worten ließ er sich von seinen Schülern zur Kirche von Sanct Salvator tragen und die Thüre öffnen. Nachdem er dort sein Gebet verrichtet und den heiligen Leib und das Blut des Herrn empfangen hatte, blickte er zum Altare auf und sein Geist wanderte, schon mit Himmlischem beschäftigt, zum Herrn[2], dem er so lange aufrichtig gedient hatte, unter dem Beistande unseres Herrn Jesus Christus, der mit dem Vater und heiligen Geiste lebt und regiert, Gott von Ewigkeit zu Ewigkeit. Amen.

---

[1] Schule. — [2] Er starb nach dem Fragmente eines Utrechter Bischofs-Cataloges am 25. Aug. 775. Da aber sein Neffe Albrich noch kurz vor seinem Tode sich „im königlichen Dienste in Italien befand", wo König Karl im J. 775 bekanntlich nicht war, so dürfte sein Tod vielleicht richtiger in das Jahr 774 gesetzt werden, in welchem Falle er allerdings nur siebenundachtzig Jahre alt geworden wäre.

# III.

# Das Leben Liudgers, Bischofs von Münster, von Altfrid.

Uebersetzt von G. Grandaur.

---

# Einleitung.

Liudger, der Verfasser der vorhergehenden Schrift, Gregors Schüler und der Fortsetzer seines Werkes, dann erster Bischof von Münster in Westfalen, fand einen Biographen erst einige Zeit nach seinem Tode an seinem Neffen Altfrid, seinem zweiten Nachfolger als Bischof (839—849), welcher ihn nicht mehr persönlich gekannt hatte; dagegen hatte er, wie er im Vorwort gesagt, reichliche Mittheilungen von ihren gemeinsamen Anverwandten erhalten. Friesischer Herkunft, wie Liudger, hat er besonders der dort entfalteten Thätigkeit Liudgers seine Aufmerksamkeit zugewandt, und uns sehr werthvolle Nachrichten aufbewahrt über die Thätigkeit, welche in Utrecht aufgeboten wurde, um Missionare und Geistliche für die neubekehrten Länder auszubilden; ferner über Liudgers Abkunft, über die friesische Familie, welcher auch der Verfasser selbst angehörte, die sich ganz dem Dienst des Christenthums geweiht hatte. Dagegen hat Altfrid über die Anfänge des Bisthums Münster, obgleich er schon Bischof gewesen zu sein scheint, als er schrieb, fast nichts berichtet, und was noch auffallender ist, gar nichts über die Stiftung von Werden, für dessen Mönche er doch sein Werk verfaßte. Es mochte ihm das überflüssig erscheinen, und die Legenden, welche sich später an diese Stiftung knüpften, hatten sich vermuthlich noch nicht ausgebildet. Auch hierin hat dieses Lebensbild die größte Aehnlichkeit mit dem Leben Willibrords von Alcuin, welches von Altfrid nicht nur angeführt und benutzt ist, sondern ihm auch bei seiner ganzen Anordnung als Vorbild gedient hat und häufig wörtlich ausgeschrieben ist.

Der Uebersetzung wurde die sehr sorgfältige neue Ausgabe von W. Diekamp im 4. Band der Geschichtsquellen des Bisthums Münster (1881) zu Grunde gelegt, das zweite Buch mit den nach Liudgers Tod geschehenen Wundern aber fortgelassen.

Berlin, im Mai 1888.

W. Wattenbach.

## Vorwort.

Altfrid, durch die Gnade Gottes Bischof, seinen vielgeliebten Brüdern, den Mönchen, welche im Kloster Sanct Salvators und des heiligen Vaters Liudger[1] in Christo dem Herrn dienen. Eurem Verlangen habe ich deshalb Folge gegeben, weil ich Eurer Liebe nichts versagen kann. Ihr habt mich mit häufigen Bitten bestürmt, daß ich Euch von dem Leben des heiligen Vaters Liudger Einiges aufschreiben möchte, damit sein so ehrwürdiges Beispiel Vielen zur Erbauung diene. Obgleich ich mich nun der Vollendung eines so gelehrten Werkes bei meinen geringen Kenntnissen nicht gewachsen fühle, so bin ich doch aus Liebe daran gegangen, weil ich es für unrecht hielt, daß die Tugenden eines so großen Mannes unbekannt blieben, da der Gehilfe des heiligen Gregor bei Aufsuchung des göttlichen Wortes[2] sagt: „Es giebt Seelen, welche mehr durch Beispiele als durch Predigten zur Liebe des himmlischen Vaterlandes entzündet werden, in der Seele des Hörenden aber gewähren die Beispiele der heiligen Väter häufig eine doppelte Hilfe" u. s. w. Das Beispiel und die Thaten des heiligen Liudger vermag ich aber deshalb nicht erschöpfend darzustellen, weil ich dieselben nicht durch eigene Anschauung, sondern durch Hörensagen kennen gelernt habe von jenen, welche denselben von ihrer Kindheit an gekannt und seinen Unterricht genossen haben,

---

[1] So wird das Kloster Werden zum erstenmale in einer, wahrscheinlich interpolirten, Urkunde des Jahres 847 genannt, wenn nicht das: S. Patris Liudgeri Zusatz des Interpolators ist.

[2] Der Diakon Petrus, welcher von Gregor in der Praefatio ad librum dialogorum de vita et miraculis patrum genannt wird: ad sacri verbi indagationem socius.

nämlich vom Bischof Hildigrim[1], seinem Bruder, vom Bischof Gerfrid[2], seinem Neffen, der gottgeweihten Frau Heriburga[3], seiner Schwester, und von den ehrwürdigen Priestern Alubert, Ating und Thiatbald. Da nun viele Wunder und Zeichen, welche der Herr durch ihn gewirkt hat, aus Unachtsamkeit in Vergessenheit gerathen sind, so habe ich nur jene in dieses Buch aufgenommen, welche ich zugleich mit Euch mit eigenen Augen gesehen, oder als sicher geschehen in Erfahrung gebracht habe.

## Inhaltsverzeichniß.

Von der Verfolgung Wrissings.
Von seiner Vertreibung.
Wie Radbod versucht hat, ihn zurückzuberufen.
Vom Tode Pippins.
Vom Tode Wrissings.
Von der Geburt Liafburgas.
Wie Liafburga einer Lebensgefahr entgangen ist.
Von der Geburt des heiligen Liudger.
Von seinem Fleiße.
Von der Ankunft Aluberts und wie er zugleich mit Liudger über das Meer zurückkehrte.
Wie der heilige Liudger die jenseits des Meeres gelegenen Länder noch einmal besucht hat.
Wie der heilige Liudger nach Hause zurückgekehrt ist.
Von der Ankunft des heiligen Liafwin.
Vom Tode des heiligen Liafwin.
Wie der heilige Liudger in Friesland die Götzenbilder umgestürzt hat.
Von der Ordinierung Albrichs und des heiligen Liudger.
Wie dem heil. Liudger die Leitung dreier Volksstämme geoffenbart wurde.
Wie der heilige Liudger in Friesland geprediget hat.
Gedicht Josephs an den heiligen Liudger.
Gedicht Aluchins über die Kirche des heiligen Liudger.
Wie Widukind die Friesen vom Glauben abwendig machte und wie der heilige Liudger die Gegend von Benevent besuchte und von dort wieder zurückkehrte.

---

[1]) Bischof von Chalons an der Marne. — [2]) Zweiter Bischof von Münster, von 809 bis 839. — [3]) Aebtissin von Nottuln, starb nach 834, am 16. October.

Wie der heilige Liudger nach Fosetesland übergefahren ist.
Wie der heilige Liudger in Sachsen ein Bisthum erhalten.
Wie der heilige Liudger als Bischof ordiniert worden.
Wie der Herr durch ein Wunder dem Bernlef das Augenlicht zurück=
  gegeben.
Wie er Bernlef getauft hat.
Was dem heiligen Liudger über die Nordmannen geoffenbart wurde.
Von dem Wunder, das sich in Bilurbeki ereignet.
Von dem Wunder mit dem Fische.
Wie der heilige Liudger das Leben seiner Lehrer niedergeschrieben und
  wie seine Sitten waren.
Vom Tode des heiligen Liudger.
Von seinem Begräbnisse.
Von den Wundern, welche nach seinem Tode der Herr durch ihn ge=
  wirkt, und von der Heilung Irmingers und einer Gichtbrüchigen.[1]
Von der Heilung Sigiburgas.
Von der Heilung der Tochter Berahtrichs.
Von der Heilung Hildirads.
Vom Wiedersehendwerden Modsuits.
Von der Heilung eines Leibeigenen Thiadulfs.
Von der Heilung Helidwins.
Von einem Weibe, das während der Lesung des Evangeliums sehend
  geworden.
Von der Heilung Osberts.
Von der Heilung einer Gichtbrüchigen.
Vom Wiedersehendwerden Gerbalds.
Von der Heilung einer anderen Gichtbrüchigen.
Von der Heilung eines Tauben.
Von einem vom Himmel herabkommenden Lichte und vom Läuten der
  Glocken.
Von Eilward.
Vom Wiedersehendwerden Ricberts.
Von dem Gesichte des Mönchs Adelward.
Von der Heilung eines gichtbrüchigen Weibes.
Von der Lossprechung Adams.
Wie ein Weib von Budica[2] geheilt worden.
Von der Heilung Warmunds.

---

[1] Hiermit beginnt das zweite Buch, welches, weil eine historische Ausbeute nicht gebend, unübersetzt blieb. — [2] Büttgen.

## Erstes Buch.

1. Ich war der Meinung, bei der Lebensbeschreibung des heiligen Liudger weiter ausholen zu müssen, um zu erzählen, von welchen Eltern er in dieser Zeitlichkeit geboren wurde. In den Tagen Radbods, des Königs der Friesen, lebte ein Edler dieses Volkes mit dem Namen Wurssing[1] und dem Beinamen Ado, welcher, obgleich er noch nichts von dem Glauben an die heilige Dreifaltigkeit wußte, doch ein Helfer der Armen, ein Vertheidiger der Unterdrückten und ein gerechter Richter war. Weil aber jenes Volk damals im Irrthum der Glaubenslosigkeit erblindet war, so hatten Viele viele Ungerechtigkeit von dem grausamen König und seinen Dienern zu erdulden; denn Einige ließ dieser König hinterlistig tödten und bemächtigte sich ihrer Hinterlassenschaft, Andere trieb er aus dem Lande und eignete sich ihr Erbe an. Aber der vorgenannte Mann unterließ es keineswegs, vor dem Könige und seinen Fürsten die Wahrheit zu vertheidigen, und nahm keine Rücksicht auf die Person, indem er gerechte Urtheile fällte und der Wahrheit die Ehre gab. Daher kam es, daß er von dem grausamen Könige schwere Verfolgung zu erleiden hatte, so daß dieser befahl, ihn listiger Weise zu tödten und sein Besitzthum wegzunehmen. Dieses Todesurtheil ließ ihm einer von den königlichen Räthen ungesäumt mittheilen, weil er bei den meisten beliebt war.

---

[1] Geschrieben Wrssing, oben im Inhaltsverzeichniß Wrissing, mit einigen Abweichungen in anderen Handschriften.

2. Darauf entfloh Wurssing zugleich mit seiner Gemahlin Adalgard, dem einen Sohne, den sie hatten, Namens Nothgrim, und mit wenigen Dienern und kam zu dem Herzog der Franken, Namens Grimold.[1] Freundlich von diesem Herzoge aufgenommen bewohnte er das Land der Franken, wurde im katholischen Glauben unterrichtet und erlangte die Gnade der Taufe, zugleich mit seiner Gemahlin, seinem Sohne und seinem übrigen Hause. Nach dem Tode des genannten Herzogs aber behielten die einzelnen Herzoge der Franken den ehrenwerthen Wurssing bei sich zurück und zeichneten ihn durch Lehen aus. Seine Gemahlin gebar im fremden Lande einen zweiten Sohn Namens Thiadgrim und neun Töchter und starb im Frieden. Ebenso wurden auch sechs ihrer Töchter im Stande der Jungfrauschaft dem Lichte dieser Welt entrückt. Der Vater aber, der seine beiden Söhne und die drei Töchter, die ihm geblieben waren, in der Furcht Gottes erzog, beobachtete die noch übrige Zeit seines Lebens die Keuschheit.

3. Nachdem dies geschehen war, verfiel Radbod in eine Krankheit, an welcher er auch starb.[2] Bis zu seinem Tode erlitt er sechs volle Jahre lang Schmerzen und sein Reich gerieth in Verfall, das der Franken aber vergrößerte sich. In seiner Krankheit schickte er zu dem genannten Wurssing und ließ ihn bitten, zu ihm zurückzukehren und sein Erbe wieder in Empfang zu nehmen, versprach ihm auch, ihm noch viel mehr zu geben, wenn er Frieden mit ihm halten wollte; aber der katholische Mann ging auf seine Bitte nicht ein. Da schickte Radbod noch einmal zu ihm mit der Bitte, wenn er selbst nicht kommen wollte, sollte er ihm doch wenigstens seinen Sohn schicken und schwur ihm zu, daß er ihm Alles, was er ver-

---

[1] Grimold, Sohn des Majordomus Pippin von Herstal und Schwiegersohn des Königs Radbod, war Majordomus von Neuster bis zum Jahre 714, in welchem er von dem Friesen Rantgar ermordet wurde. — [2] Im Jahre 719.

sprochen, geben würde. Deshalb schickte Wurssing, endlich von seinen Bitten überwunden, seinen jüngeren Sohn zu ihm, welchen derselbe wohlwollend empfing, ehrenvoll bei sich wohnen ließ, und dem er die väterliche Erbschaft zurückstellte. Der Vater aber mit seinem älteren Sohne und seinen Töchtern blieb bis zum Tode Radbods im Lande der Franken.

4. Es ereignete sich aber, daß Pippin, der Herzog der Franken, das Licht dieser Welt verließ[1] und sein Sohn Karl[2] sich der väterlichen Herrschaft bemächtigte. Dieser unterwarf viele Völkerschaften der Herrschaft der Franken und unter diesen fügte er nach dem Tode Radbods auch Friesland dem väterlichen Reiche in glorreichem Triumphe bei. Zu diesem Volke war aber damals der heilige Willibrord als Glaubensbote gesendet und als bischöflicher Sitz wurde die Veste Trajectum[3] bestimmt, wie man in dem Buche[4] über das Leben eben dieses Willibrord lesen kann. Karl gab also dem genannten Wurssing ein Lehen an der Grenze der Friesen und schickte ihn in sein Vaterland zurück, um den Glauben daselbst zu befestigen. Bei seiner Ankunft erhielt er sein eigenes Erbe zurück, wohnte in dem bei Trajectum gelegenen Orte, der Suabsna[5] heißt, und stand mit seinen Söhnen und Verwandten dem heiligen Willibrord in Allem, wo er konnte, bei. Der Heilige hatte ihn sehr lieb, weil er ein braver Mann war, eifrig im Glauben, beim ganzen Volke gerne gesehen und keusch.

5. Sein älterer Sohn Nothgrim nahm ein gläubiges Weib und auf gleiche Weise wurden auch die drei Töchter noch zu Lebzeiten des Vaters in der Furcht Gottes durch das eheliche

---

[1]) Am 16. December 714.

[2]) Karl Martell; er wurde von seiner Stiefmutter Plectrude beim Tode des Vaters in Haft gehalten, es gelang ihm aber bald, sich derselben zu entziehen und Plectrude zur Herausgabe des väterlichen Schatzes zu zwingen. Nachdem er König Chilperich II von Neuster überwunden, schaltete er als Majordomus über das gesammte Frankenreich. — [3]) Utrecht. — [4]) Alcuins; s. oben S. 17.

[5]) Wahrscheinlich Zuylen an der Vecht.

Band gebunden. Dieses ganze Geschlecht unterhielt eine sehr enge Freundschaft mit dem heiligen Willibrord, wie auch mit dem heiligen Bonifazius, der nach diesem jene Gegend als Glaubensbote hell erleuchtete, bis er, für den Glauben an Christus mit der Marterkrone geschmückt, den Geist aufgab [1], im Gau Astrache [2] und in dem Orte, der Doccinga [3] genannt wird, wie das die über ihn verfaßten Schriften bezeugen. Nach des Vaters Tode aber nahm Thiadgrim, der zweite Sohn des genannten Wurssing, ein Weib Namens Liasburg, die Tochter eines gewissen Nothrab und der Adelburg. Diese Adelburg hatte früher ihre beiden leiblichen Brüder, deren älterer Willibracht, der jüngere aber Thiadbracht hieß, dem heiligen Bischof Willibrord, von dem wir oben gesprochen, übergeben, um sie für den Herrn zu erziehen. Diese waren die ersten aller Friesen, welche ein geistliches Amt erhielten. Der älteste starb im Grade der Leviten [4], der jüngere aber gelangte nicht zu diesem Grade, sondern verließ in seiner Jugend das Licht dieser Welt.

6. Die genannte Liasburg hatte bei ihrer Geburt eine heidnische Großmutter, nämlich die Mutter ihres Vaters, welche dem katholischen Glauben ganz und gar widerstrebte. Diese, deren Name nicht genannt werden soll, gerieth in Wuth, weil die genannte Gemahlin nur Töchter geboren und keinen lebenden Sohn hatte, und schickte Knechte, die das neugeborene Mädchen von der Seite der Mutter wegnehmen und tödten sollten, ehe es noch Muttermilch gesogen hätte, weil es ein heidnischer Gebrauch war, daß, wenn man einen Knaben oder ein Mädchen tödten wollte, dieselben getödtet wurden, ehe sie irdische Speise genossen hatten. Die Knechte aber nahmen, wie es ihnen befohlen war, das Kind weg und einer trug es an

---

[1] Im Jahre 754. — [2] Ostergau in Westfriesland.
[3] Dokkum. — [4] Als Diakon.

eine mit Wasser gefüllte Kufe, um es hineinzuwerfen, damit es ertränke. Aber durch die Gnade des allmächtigen Gottes geschah es, daß die Kleine, welche die Mutterbrust noch nicht gesogen, sich mit beiden Händchen am Rande der Kufe festhielt, damit sie nicht unterginge. Diese Kraft wurde dem so schwachen Kinde, wie wir glauben, deshalb von der göttlichen Vorsehung verliehen, weil aus ihm zwei Bischöfe geboren werden sollten, nämlich der heilige Liudger und Hildigrim und die Mutter künftiger Bischöfe.

7. Zu diesem merkwürdigen Ringen kam nach der Anordnung des barmherzigen Gottes ein benachbartes Weib, welches, von Mitleid bewegt, das Kind den Händen des erwähnten Knechtes entriß und mit demselben nach Hause lief, die Thüre hinter sich verschloß und so bis in ihr Schlafzimmer kam, in welchem sich Honig befand; von diesem gab sie der Kleinen etwas in den Mund und diese schluckte ihn sofort hinab. Mittlerweile kamen die erwähnten Henkersknechte herbei, um den Befehl ihrer Herrin zu vollziehen, denn sie herrschte gleich einer Furie in dem Hause ihres Sohnes. Das Weib aber, welches ihnen das Kind entrissen hatte, ging ihnen entgegen und sagte, daß dasselbe Honig genossen hätte, zugleich zeigte sie ihnen die Kleine, wie sie die Lippen noch ableckte, und deshalb war es nach dem Brauche der Heiden nicht mehr gestattet, sie zu tödten. Nun standen die Knechte von dem Kinde ab und das Weib, welches dasselbe geraubt hatte, zog es heimlich auf, indem es ihm durch ein Horn Milch einflößte. Die Mutter aber schickte heimlich eine Amme, welche dem Kinde gab, was ihm nöthig war, bis endlich jenes erwähnte grausame Weib sein Leben beendet hatte. Jetzt erst nahm die Mutter ihr Kind zur weiteren Erziehung zu sich. Dies möge über diesen Punkt genügen.

8. Jetzt wollen wir auch, weil wir bereits von dem hei=

ligen Liudger zu sprechen begonnen haben, in unserem Berichte wieder zu ihm zurückkehren. Als sein Vater Thiadgrim von einer Reise zurückkehrte und seine Mutter schwanger und der Geburt des zukünftigen Bischofs schon nahe war, lief sie, bei der Nachricht von der Ankunft ihres Mannes, vor Freuden außer sich, demselben entgegen, strauchelte und fiel und stieß sich einen Pfahl in den Leib, so daß sie wie todt fortgetragen wurde und Niemand glaubte, daß sie oder der Knabe, den sie im Leibe trug, dem Leben würden erhalten werden. Aber mit dem Beistande der göttlichen Barmherzigkeit kam sie wieder zu sich und wurde gut geheilt und auch an dem wenige Tage darauf zur Welt gekommenen Knaben[1] bemerkte man keine Spur einer Verletzung. In der Taufe erhielt er aber den Namen Liudger. Sobald er gehen und sprechen konnte, fing er an, Baumrinden, deren wir uns als Leuchte bedienen, und kleine Häutchen zu sammeln, und was er dergleichen finden konnte, das heftete er, während andere Knaben spielten, wie Bücher zusammen. Und wenn er eine Flüssigkeit gefunden, ahmte er mit Halmen den Schreibenden nach und brachte dies seiner Amme, um es aufzubewahren gleich nützlichen Büchern. Wenn aber Jemand zu ihm sagte: „Was hast du heute gethan?" antwortete er, er wäre den ganzen Tag beschäftigt mit Heften von Büchern, Schreiben oder Lesen. Und wenn man weiter fragte: „Wer hat dich dies gelehrt?" sagte er: „Gott hat es mich gelehrt." Er hatte aber schon im zarten Alter im Sinne, was er später bei seiner großen Frömmigkeit zur Erfüllung brachte.

9. Darauf bat er, an Gnade zunehmend, seine Eltern, daß sie ihn einem Manne Gottes zum Unterricht übergeben sollten; diese aber, die gut gesinnt waren, priesen Gott, als sie die

---

[1] Da Liudger im Jahre 767 zum Diakon geweiht wurde, wozu ein Alter von vierundzwanzig Jahren erforderlich war, so darf seine Geburt in das Jahr 743 gesetzt werden.

Absicht des Knaben erkannten, und übergaben ihn dem ehrwürdigen Gregor, dem Schüler und Nachfolger des heiligen Bonifazius, um ihn für den Herrn zu erziehen.[1] Dieser nahm ihn mit Freuden auf und unterrichtete ihn, da er die Fähigkeiten des Knaben erkannte, mit großer Sorgfalt. So wuchs Liudger heran, nahm zu in der Furcht Gottes, legte das weltliche Gewand ab und widmete sich in dem Kloster zu Trajectum ganz der Erlernung der Wissenschaft des Heils. In jener Schule Gregors waren aber noch andere edle und talentvolle Mitschüler, deren einige später Bischöfe wurden, andere aber in geringeren Graden Lehrer an den Kirchenschulen.[2] Bei denselben war Liudger sehr beliebt, weil er ein Jüngling von großer Bescheidenheit und dabei heiterem Wesen war, ohne jedoch sehr zum Lachen geneigt zu sein, und weil er in all' seinem Thun Klugheit mit Mäßigung paarte; denn er forschte beständig in der heiligen Schrift, besonders in jener, die auf das Lob Gottes und die katholische Lehre Bezug hatte, weshalb ihn auch sein Lehrer wie seinen einzigen Sohn liebte.

10. Unterdessen kam aus dem Lande der Angeln ein ehrwürdiger Mann Namens Alubreht[3] zu dem Abte Gregor in der Absicht, unter Gottes Mitwirkung dem Volke jener Gegend durch Unterweisung nützlich zu werden, denn sie waren noch Neulinge im Glauben. Abt Gregor empfing ihn freundlich und nachdem er sich überzeugt hatte, daß er ein frommer und gelehrter Mann war, gab er ihm den Rath, er sollte bei ihm Chorbischof werden. Gregor hatte nämlich die bischöfliche Weihe nicht erhalten, verblieb vielmehr im priesterlichen Grade. Dar-

---

[1] Dies geschah jedenfalls vor dem Jahre 754, da Liudger, wie er in seinem Leben Gregors 10. schreibt, den heiligen Bonifazius noch gesehen hat.

[2] Vergl. Leben Gregors 11, oben S. 48 flgd.

[3] Liudger gedenkt desselben in seinem Leben Gregors 10, oben S. 47. Die Handschriften haben auch die Formen Alubert und Alubret. Die alten northumbrischen Annalen bei Simeon von Durham berichten zum Jahre 767, daß Aluberht für die Altsachsen (ad Ealdsexos) zum Bischof geweiht wurde.

Liudger bei Gregor und in England. 67

auf verſetzte der verſtändige Alubreht: „Damit Du ſicher ſeieſt, daß ich mit Erlaubniß und auf Anrathen meines Biſchofes[1] hieher komme, gieb mir in das Land, aus welchem ich bin, fromme Brüder mit zu meinem Biſchofe, damit ich und ſie von ihm ordiniert werden; unter dieſer Bedingung bin ich einverſtanden." Dies hörte Gregor ſehr gerne und ſchickte ihn und mit ihm Liudger und einen anderen, im Alter ſchon weiter vorgeſchrittenen Bruder Namens Sigibod zu dem Biſchofe, von welchem Alubreht geſprochen. Dieſer ordinierte[2] Alubreht zum Biſchofe, Sigibod zum Prieſter und Liudger zum Diakon und dieſelben blieben ein Jahr daſelbſt.[3] An demſelben Orte befand ſich damals auch Alchuin als Lehrer, welcher ſpäter zu den Zeiten Karls des Jüngeren[4] zu Turonis[5] und in Francien das Lehramt ausübte. Dieſem ſchloß ſich der verſtändige Liudger ſogleich eng an, indem er geiſtlichen Unterricht von ihm erhielt. Nach Verlauf eines Jahres aber kehrten die, welche geſchickt worden waren, wieder zurück und kamen unter Gottes Führung zum Abte Gregor, der ſie ſehr freundlich empfing, höchlich erfreut über ihre Ankunft, und Alubreht blieb bei ihm als Mitarbeiter im Weinberge des Herrn.

11. Liudger aber, welcher ſich an der Süßigkeit des einmal verkoſteten Honigſeims[6] ſättigen wollte, bat den Abt Gregor um die Erlaubniß, wieder zu dem Magiſter Alchuin zurückkehren zu dürfen. Gregor ſah dies ungern und wollte es nicht geſchehen laſſen, da er ihn jedoch nicht betrüben wollte, ſo ſuchte er ihn mit freundlicher Rede zu beſchwichtigen; und da er ſah, daß er ihn durch keine Vorſtellung von ſeinem Entſchluſſe abbringen konnte, ließ er ſeinen Vater kommen und bat dieſen, er möchte es verſuchen, ihn von der beabſichtigten Reiſe abzuhalten. Der wißbegierige Levite aber blieb unbeugſam bei

---

[1]) Des Erzbiſchofs Aethelberht von York. — [2]) Im Jahre 767. — [3]) Zu York.
[4]) Siehe S. 33, A. 2. — [5]) Tours. — [6]) Der Unterricht Alcuins.

seinem Vorhaben. Gregor und die Eltern Liudgers schickten ihn also, von seinen Bitten überwunden, zu dem genannten Magister der Eboracensischen Stadt[1] der Angeln, gaben ihm alles für die Reise Nöthige mit und der berühmte Magister Alchuin empfing ihn mit großer Freude. Einmal aufgenommen, war Liudger in gewohnter Weise Allen theuer, weil er durch gute Sitten geschmückt war und fromme Studien betrieb. Er blieb dort drei Jahre und drei Monate und vervollkommnete sich in den Heilswissenschaften. Er wollte noch länger bei seinem Studium bleiben, aber es war ihm nicht möglich, weil bei dem Auszuge der Bürger zum Kampfe gegen ihre Feinde der Sohn eines Grafen jener Provinz von einem friesischen Kaufmanne im Streit getödtet wurde und die Friesen sich deshalb beeilten, das Land der Angeln zu verlassen, indem sie den Zorn der Verwandten des getödteten Jünglings fürchteten.

12. Alchuin schickte also nothgedrungen Liudger mit den erwähnten Kaufleuten fort und gab ihm auch seinen Diakon Putul mit, weil er fürchtete, er könnte aus Liebe zum Lernen eine andere Stadt dieses Landes besuchen und, da man den erwähnten Jüngling rächen wollte, Nachstellungen erleiden. Er sagte nämlich, er wollte lieber selbst sterben, als daß sein geliebter Sohn von irgend einer Lebensgefahr bedroht würde. Der so geleitete Liudger kam also mit günstiger Fahrt in sein Vaterland zurück, wohl unterrichtet und mit einer Menge von Büchern versehen, und war dem Vater Gregor und den Uebrigen um so werther und willkommener, als er auch mit dem Mönchswesen bekannter war. Der Diakon aber, der mit ihm gekommen, zog nach der Anordnung Alchuins mit Segnungen ausgestattet nach Rom, um dann wieder nach Hause zurückzukehren. Derselbe kam später auch als Priester mit Alchuin nach Gallien.

---

[1] York.

13. Während dies geschah, kam ein heiliger und gelehrter Priester Namens Liafwin aus dem Lande der Angeln zum Abte Gregor und sagte, es wäre ihm durch dreimalige schreckliche Mahnung vom Herrn befohlen, an der Grenze der Franken und Sachsen längs des Flusses Isla[1] dem Volke durch Predigen nützlich zu werden, und bat, daß er ihn dahin und an den ihm vom Herrn bestimmten Fluß geleiten ließe. Gregor ließ ihn, weil diese Gegend zu seinem Sprengel gehörte, gütig dahin geleiten und dankte dem göttlichen Hirten, weil er sein Volk heimgesucht. Zugleich mit ihm schickte er auch Marchelm, einen Diener Gottes vom Volke der Angeln, welcher vom Knabenalter an vom heiligen Bischofe Willibrord zu frommem Wandel erzogen wurde[2], um dereinst dem Volke vorstehen zu können. So säte also der Priester Liafwin, von einer Frau Namens Avaerhilde und den übrigen Gläubigen aufgenommen, die Lehren des Heils aus und bewässerte den Boden der Herzen. Sie bauten ihm auch ein Bethaus auf der Westseite des genannten Flusses an dem Orte, der Huilpa[3] genannt wird.

14. Darauf erbauten sie ihm auch eine Kirche auf dem östlichen Ufer eben dieses Flusses, deren Name Daventre[4] ist. Als aber das Volk dahin zur Predigt des heiligen Mannes zusammenströmte, sammelten die Sachsen, welche damals in der Finsterniß des Heidenthums befangen waren, darüber erbittert, ein Heer, vertrieben die Christen aus jener Gegend und verbrannten die Kirche.[5] Darauf kehrte der Mann Gottes Liaf-

---

[1] Neue Yssel, ein Arm des Rheines, der sich in die Zuydersee ergießt.

[2] Da Willibrord bereits im Jahre 738 oder 739 starb, Marchelm aber, wie aus dem Leben Gregors 8 ersichtlich wird, erst bei der dritten Romreise des heiligen Bonifazius aus Italien herausgebracht wurde, so kann dieser Willibrord nicht mehr wohl als Erzieher gehabt haben.

[3] Wilp, südlich von Deventer. — [4] Deventer.

[5] Für diesen Einfall der Sachsen läßt sich die Zeit nicht bestimmen. — Von diesem Liafwin oder Lebuin hat im 10. Jahrhundert Hucbald von St. Amand eine Lebensbeschreibung verfaßt, aus welcher im zweiten Bande S. 107 ff. Auszüge mitgetheilt sind.

win zum Abte Gregor zurück und wartete auf einen Trost vom Herrn. Nachdem also die Ruhe wieder hergestellt und die Räuber nach Hause zurückgekehrt waren, baute der Mann Gottes die verbrannte Kirche wieder auf und ließ nicht nach, seiner Heerde in gewohnter Weise die Worte des Heils zu verkündigen, bis er seine Seele dem höchsten Hirten zurückgab. Er wurde in derselben Kirche bestattet.

15. Nach seinem Tode[1] verheerten die gottlosen Sachsen jene Gegend auf's Neue[2], zündeten die Kirche an und suchten seinen Leib drei Tage lang, konnten ihn aber nicht finden. Aber auch Abt Gregor ging ein zum Herrn[3] und sein Neffe Albrich übernahm das Hirtenamt. Dieser hatte den ehrwürdigen Liudger sehr lieb und sprach ihn an, wie folgt: „Jetzt, weil Du mein vielgeliebter Bruder bist, bitte ich Dich, daß Du meinen Herzenswunsch erfüllest. Jener Ort, an welchem der Priester Liafwin, der Heilige Gottes, den Du gekannt hast, bis zu seinem Tode beharrlich im Weinberge des Herrn gearbeitet hat und wo sein heiliger Leib begraben liegt, ist verwüstet. Deshalb bitte ich Dich, daß Du ihn wieder in guten Zustand zu bringen suchest und die Kirche über seinem Grabe wieder aufbauest." Der Diener Gottes Liudger gehorchte dem Befehle seines Vorgesetzten und suchte an dem erwähnten Orte den Leib des Heiligen, fand ihn aber nicht. Gleichwohl begann er an dem Platze, wo er vermuthete, daß er liegen könnte, den Bau einer Kirche. Nachdem er nun den Grund gelegt hatte und daran war, die Seitenwände aufzurichten, erschien ihm der Priester Gottes Liafwin im Traum und sprach: „Geliebter

---

[1] Er ist wahrscheinlich 773 am 12. Nov. gestorben.

[2] Dieser zweite Einfall der Sachsen dürfte nach der Art, wie er zwischen dem Tode Liafwins und dem Gregors berichtet wird, in das Jahr 774 zu setzen sein und stand, wie es scheint, mit deren Einfall in Hessen, von welchem Einhard zum gleichen Jahre berichtet, in Verbindung.

[3] Siehe S. 51, A. 2.

Bruder Liudger, Du hast wohlgethan, den Tempel Gottes, der schon so lange von den Heiden verstört liegt, wieder herzustellen; aber Du wirst auch meinen Leib, den Du gesucht hast, unter der von Dir errichteten südlichen Wand begraben finden." Liudger fand also, nachdem er am Morgen die Laudes[1] gesungen, den heiligen Leib an der Stelle, die ihm im Traumgesichte bezeichnet war, und ließ, als die Arbeitsleute versammelt waren, die Grundlage des Gebäudes weiter gegen Süden rücken, wodurch er das Grab des Mannes Gottes in das Innere der Kirche brachte. So wurde also die Kirche vollendet und eingeweiht, die von da an nie wieder von den Heiden verunehrt wurde. Der Herr wirkt aber daselbst durch seinen Diener Liafwin viele Wunder bis auf den heutigen Tag und es befindet sich jetzt dort auch ein Kloster für Chorherren, welche dem Herrn dienen.

16. Darauf schickte Albrich den Liudger und mit ihm andere Diener Gottes, um die Tempel der Heidengötter zu zerstören und die Verehrung verschiedener Götzenbilder bei dem Volke der Friesen abzuschaffen. Diese befolgten den Befehl und brachten ihm einen großen Schatz mit zurück, den sie in den Tempeln gefunden hatten. Davon erhielt Kaiser Karl zwei Theile, den dritten befahl er Albrich, für sich selbst zu behalten.

17. Nachdem aber Albrich in der Stadt Colonia[2] zum Bischof geweiht war[3], ließ er auch Liudger die Priesterwürde ertheilen und ernannte ihn zum Glaubensprediger im Gau Ostracha und in dem Orte, wo der heilige Bonifazius die Mar-

---

[1] Ein Theil des vor Tagesanbruch abzuhaltenden Gottesdienstes. — [2] Köln.
[3] Dies geschah jedenfalls erst nach dem 10. Juni 777, da in einer Urkunde von diesem Tage Albrich noch presbyter atque electus rector genannt wird. (Es ist das ein von Karl d. Gr. in Nymwegen ausgestelltes Privileg, 206 in Mühlbachers Regesten, und die Nachricht könnte nicht gleich dahin gelangt sein, doch das Jahr wird dadurch gesichert. W.)

terkrone erhalten. Derselbe Albrich theilte das Jahr in vier Zeiten, so daß in dem Kloster zu Trajectum in der Frühjahrszeit mit Ausschluß der übrigen Vorgesetzten er selbst drei Monate lang in Bezug auf Lehre und heiligen Wandel die Leitung der Brüder hatte, nach ihm und an seiner Statt im Sommer der Priester Adalger drei Monate lang, nach diesem der Priester Liudger drei Monate und im Winter der Priester Thiadbraht drei Monate.

18. Liudger pflegte also, wenn ihn die Reihe traf, bei Nacht nach beendetem Psalmengesange und Einzelgebet, was er immer sehr liebte, auf dem Söller des Hauses von Sanct Salvator, welches der heilige Willibrord erbaut hatte, die ermüdeten Glieder ruhen zu lassen. Daselbst erschien ihm in einer Nacht der ehrwürdige Abt Gregor und sprach: „Bruder Liudger, folge mir," und als er ihm folgte, bestieg dieser einen höher gelegenen Ort und warf vor ihm stückweise Theile von Pergament und von Kleidern hinab und sagte: „Sammle es auf Haufen." Als er nun drei Haufen gemacht hatte, sprach er wieder: „Vertheile dies gut im Werke des Herrn und ich werde Dir genug geben." Darauf bezeichnete er ihn mit dem Zeichen des Kreuzes und verschwand. Da nun Liudger am Morgen seinen Traum dem Propste des Klosters Namens Haddo und dem Küster, dem mit Heiligkeit begabten Marchelm, dessen ich oben gedacht, erzählte, sprach Marchelm darauf das, was der Erfolg später bestätigte, nämlich: „Die drei Haufen, die Du gesammelt hast, bedeuten die Leitung dreier Gemeinden, welchen Du noch als Hirte vorstehen wirst." Jener aber sprach: „Möchte ich doch in dem mir anvertrauten Orte einige Frucht für den Herrn bringen."

19. Wie dieser Liudger unter dem Volke der Friesen das ersehnte Amt der Verkündigung des Evangeliums ausgeübt und wie der Same des Lebens, befeuchtet vom Thau der göttlichen

Gnade, auf dem Felde vieler Herzen bei seinen Predigten reichlich aufgegangen, das bezeugen bis auf den heutigen Tag die Leute jener Gegend, welche er vom alten Irrthum zur Erkenntniß der Wahrheit geführt, das bezeugen die Kirchen, welche er an verschiedenen Orten erbaut, das bezeugen auch die Vereinigungen der Diener Gottes, die er an einigen Orten errichtet hat. Ihm giebt auch ein Schüler Alchuins[1] Zeugniß, der ihm im heroischen Versmaße Folgendes schrieb:

Bruder, der Du mit Recht aus Liebe Gottes mir theurer
Bist, als selbst die mit mir aus einem Blute Entspross'nen,
Theurer Liudger, den die Gnade Christi beschütze,
Lebe, ein leuchtender Stern, Du, deines friesischen Volkes;
Du, ein Priester des Herrn an des Meeres westlicher Küste,
Hochgelehret im Wort, von großer Tiefe des Geistes.
Zierst Du ja doch Dein Amt durch Tugend und treffliche Sitten,
Leistest den Aelteren Dienst voll großer Demuth des Herzens,
Und verkehrst wie ein Bruder mit jenen, die gleich Dir im Alter,
Während väterlich Du der Jugend Worte des Lebens
Spendest. Gedenke meiner, Du, der im Guten stets zunimmt,
Gütig in Deinem Gebet, empfiehl dem Höchsten den Dichter
Dieser wenigen Worte, der Dich durch Oden verherrlicht,
Die zu lohnen Du wohl zum Stocke greifst nicht mit Unrecht;
Solcher Lohn gebührt ja vielleicht dem erbärmlichen Dichter.
Lebe glücklich und froh, nichts möge stören Dein Wohlsein.

20. Gedicht Alchuins auf die Kirche des heiligen Liudger.[2]

Hier hat der Gottesmann Bonifazius, reich an Verdiensten,
Einst sein heiliges Blut mit seinen Gefährten vergossen,
Welche zugleich mit ihm sich die Marterkrone verdienten.

---

[1]) Nach dem Inhaltsverzeichniß (oben S. 58), wo sich die fehlerhafte Namensform Aluchin findet, war es der aus Alchuins Briefen bekannte Joseph.

[2]) Die Kirche zu Dokkum, wie man aus dem Gedichte selbst ersieht.

Dreimal glückliches Land, getränkt mit der Heiligen Blute,
Von Dir schwang sich zum Himmel empor der siegende Kämpfer,
Deinem Rasen die Spur eindrückend der heiligen Füße.
Drum mit gebogenem Knie bitt' ich die, welche dies lesen,
Werft demüthig euch hin und küsset den heiligen Boden,
Habt ihr Hoffnung ja doch, gegründete, daß eure Thränen
Steigen zum Herrn hinauf, von solchen Beschützern getragen,
Hier ja klebt noch ihr Blut, kostbarer als Gold und als Silber,
Ruhen die heiligen Leiber, vom himmlischen Thau übergossen;
Hier der Apostel Paul und hier Bonifaz, der Apostel,
Helfen durch Fürbitt' euch im Tempel, der ihnen geweiht ist.

21. Nachdem nun der Mann Gottes beinahe sieben Jahre lang in dieser Gegend dem Lehramte obgelegen, erhob sich die Wurzel alles Bösen, Widukind, der Herzog der damals noch heidnischen Sachsen, machte die Friesen vom Wege Gottes abwendig, verbrannte die Kirchen, vertrieb die Diener Gottes und brachte es dahin, daß die Friesen bis an den Fluß Fleo[1] den Glauben an Christus verließen und, dem alten Irrglauben gemäß, Götzenbildern opferten. Aber auch Bischof Albrich verließ während dieser verderblichen Umwälzung das Licht dieser Welt.[2] Darauf verließ Liudger nothgedrungen jene Gegend, und nachdem er die Menge seiner Schüler vertheilt hatte, nahm er zwei von ihnen, nämlich seinen Bruder Hildigrim und Herbert mit dem Beinamen „der Keusche" zu sich und pilgerte nach Rom. Von da weiter ziehend kam er aber zum Kloster des heiligen Benedict[3] im Reiche Benevent und lernte, während er daselbst einen heiligen Wandel führte, die Regel des heiligen Vaters Benedict kennen. Er hatte nämlich die Absicht,

---

[1]) Jetzt der Bliestrom, welcher die Zuydersee, damals noch einen Binnensee, mit der Nordsee verbindet.

[2]) Er starb im Jahre 784 und dürfte demnach auch der Einfall des 782 von den Nordmannen nach Sachsen zurückgekehrten Widukind in diesem oder dem vorhergehenden Jahre erfolgt sein. — [3]) Monte Cassino.

auf seinem Erbe ein Mönchskloster zu errichten, was auch später mit der Hilfe Gottes an dem Orte, der Werthina[1] genannt wird, geschehen ist.

22. Nach Verlauf von zwei Jahren und sechs Monaten kehrte er in sein Vaterland zurück und drang sein Ruf bis zu den Ohren des glorreichen Fürsten Karl. Dieser ernannte ihn zum Lehrer bei dem Volke der Friesen und setzte ihn auf der Ostseite des Flusses Labeki[2] über fünf Gaue, deren Namen folgende sind: Hugmerthi, Hunusga, Fivilga, Emisga und Federitga[3], und über eine Bant genannte Insel[4]. Er aber war, nachdem ihm die Herde Gottes zu sorgfältigem Unterricht übergeben worden, bemüht, ihr das Wasser der reinen Lehre zu spenden, die Götzentempel zu zerstören und allen Schmutz des früheren Irrglaubens zu entfernen. Auch strebte er, den Strom der Lehre weiter zu verbreiten, und fuhr, nachdem er mit dem Kaiser darüber Rath gepflogen, nach einer kleinen zwischen den Friesen und Dänen gelegenen Insel, welche nach dem Namen ihres falschen Gottes Fosete Fosetesland[5] heißt. Als er derselben schon nahe war und, das Kreuz in der Hand, dem Herrn Bitt- und Dankgebete darbrachte, sahen die, welche im selben Schiffe waren, einen dichten schwarzen Nebel von der Insel abziehen, nach dessen Abzug sich große Heiterkeit über dieselbe verbreitete. Da sprach der Mann Gottes: „Seht ihr, wie durch die Barmherzigkeit Gottes der Feind vertrieben wurde, der früher diese Insel mit seinem Nebel verfinstert hat?" Nachdem sie aber auf der Insel angekommen waren, zerstörte er die Tempel des Fosete, welche dort erbaut waren, und errichtete an ihrer statt eine Kirche Christi. Und nachdem er die Bewohner im Glauben an Christus unterrichtet hatte, taufte

---

[1]) Werden. — [2]) Lauwers, Küstenfluß zwischen Leeuwarden und Groeningen.
[3]) Sämmtlich theils rechts, theils links von der Ems.
[4]) Nicht mehr existirend.
[5]) Helgoland, vgl. oben das Leben Willibrords, S. 14.

er sie, den Namen der heiligen Dreifaltigkeit anrufend, in der Quelle, die dort sprudelte, in welcher der heilige Willibrord früher drei Menschen getauft hatte und aus der bis dahin kein Einwohner anders als stillschweigend Wasser zu holen wagte. Denn er[1] hob den Sohn eines Fürsten mit Namen Landrich aus dieser Quelle, den er in der Lehre des Heils unterrichtete und zum Priester weihte und der Jahre lang bemüht war, die Friesen zu unterrichten. Darauf kam auf Anstiften der Bösen wieder die Nacht eines weitverbreiteten Abfalles über die östlichen Friesen, dessen Anstifter Unno und Eilrat waren; die Kirchen wurden verbrannt und die Diener Gottes vertrieben. Als aber die Sonne der Gerechtigkeit wieder strahlte, wurden die Finsternisse des herrschenden Irrthums vertrieben, so daß nach Verlauf eines Jahres der heilige Liudger mit den Seinen jenem Volke die Speise des Glaubens ohne Unterlaß austheilte, und mit der Hilfe Gottes verharrten sie auch im Glauben, den sie damals annahmen.

23. Unterdessen bekehrten sich auch die Sachsen nach der Anordnung des barmherzigen Gottes zum Herrn[2] und König Karl ernannte denselben Mann Gottes Liudger zum Seelenhirten im westlichen Theile des Sachsenlandes. Der Sitz dieses Bisthumes ist in dem Gau Sudtergoe[3] und in dem Mimigernäfor[4] genannten Orte, wo er dem Herrn ein ehrbares Kloster für die unter kanonischer Regel dem Herrn Dienenden errichtete. Und in gewohnter Weise war er mit allem Eifer und aller Sorgfalt bemüht, dem noch rohen Sachsenvolke durch Unterricht nützlich zu werden und nach Ausrottung der Dor-

---

[1]) Liudger. — [2]) Ihr Führer Widukind nahm im Jahre 785 den christlichen Glauben an und ließ sich zu Attigny taufen, womit der langwierige Sachsenkrieg für einige Jahre ein Ende nahm.

[3]) Südgau, nach Diekamp die allgemeine Bezeichnung für das ganze Münsterland im Gegensatze zu dem, Nordgau genannten, friesischen Antheil des Bisthums.

[4]) Münster.

nen des Götzendienstes das Wort Gottes in den einzelnen Orten auszusäen, Kirchen zu errichten und für dieselben Priester zu ordinieren, die er selbst sich als würdige Mitarbeiter im Weinberge des Herrn herangezogen hatte. Er wollte nämlich mit der begonnenen Verkündigung des Evangeliums vielen Völkerschaften zu Hilfe kommen, gleichwohl aber in seiner Demuth die bischöfliche Würde nicht annehmen. Deshalb bat er oft seine Schüler, daß einer von ihnen statt seiner die Weihe als Bischof empfangen sollte. Als ihm Bischof Hildibald[1] sagte, er müßte sich zum Bischof weihen lassen, entgegnete er ihm jenes Wort des Apostels[2]: „ein Bischof muß untadelhaft sein." Jener aber, wie er denn demüthig und dem Manne Gottes sehr geneigt war, sprach seufzend, dies wäre bei ihm am wenigsten der Fall. Endlich aber willigte er nach der Anordnung Gottes ein, überwunden durch die Einstimmigkeit Aller, und um nicht dem Rathe so Vieler, ja vielmehr dem Willen des Herrn selbst hartnäckigen Widerstand zu leisten.

24. Nachdem er also die bischöfliche Weihe empfangen[3], trug er der ihm anvertrauten sächsischen Herde die Lehren des Heils mit aller Klugheit und Bescheidenheit vor, bis er dieselbe mit Gottes Gnade zum vollkommenen Glauben hinübergeführt hatte. Auch jenen fünf Gauen, welche er in Friesland vom Heidenthum zur Erkenntniß der wahren und untheilbaren Dreifaltigkeit gebracht hatte, stand er auf gleiche Weise als Bischof vor, weil sie bisher einen solchen nicht hatten, und auch seine Nachfolger hatten diese beiden Theile als eine Diöcese. König Karl gab ihm auch im Gau Brabante[4] des fränkischen Reiches und in dem Orte, der Lotusa[5] genannt wird, das Kloster des heiligen Petrus, um ihm sammt den umliegenden Kirchen

---

[1]) Erzbischof von Köln. — [2]) 1 Timoth. 3, 2.

[3]) Zwischen dem Jahre 802, in welchem er in einer Schenkungsurkunde noch Abt genannt wird, und 805, wo er in einer solchen als Bischof erscheint.

[4]) Brabant. — [5]) Vermuthlich Leuze zwischen Ath und Tournai. W.

und Dörfern vorzustehen. So wurde der Traum erfüllt, welchen ihm der Mann Gottes Marchelm früher ausgelegt hatte bezüglich des Sammelns dreier Haufen, welche die Leitung dreier Gemeinden bedeuteten.[1]

25. Obgleich nun das Amt, das Evangelium zu verkündigen und viele Herzen zu erleuchten, höher zu achten ist, als das Wirken von Wundern und Zeichen, so wollten wir doch zur Ehre des gütigen Gottes durch die Schrift feststellen, was wir als von demselben heiligen Manne bewirkt verehren.

Als er, um zu predigen, in Friesland in ein Dorf Namens Helewyret[2] gekommen war, nahm in eine Frau Namens Meinsuit in ihrem Hause auf. Und, sieh! während er mit seinen Schülern bei Tische saß, wurde ihm ein Blinder Namens Bernlef vorgeführt, welchen seine Nachbarn sehr lieb hatten, weil er leutselig war und es gut verstand, die Thaten der Vorfahren und die Kriege der Könige in Liedern vorzutragen. Aber seit drei Jahren war er mit beständiger Blindheit geschlagen, so daß ihm auch nicht ein Schein von Sehen blieb. Nachdem er denselben freundlich angeblickt hatte, fragte er ihn, ob er sich eine Buße von ihm wollte auferlegen lassen, und als derselbe dies gelobt hatte, hieß er ihn des anderen Tages wieder kommen. Des anderen Morgens begegnete derselbe Blinde dem Manne Gottes zu Pferd und nachdem dieser sein Pferd beim Zügel genommen, führte er ihn abseits der Volksmenge und gab dem seine Sünden Beichtenden eine Buße auf. Darauf machte er das Zeichen des Kreuzes über seine Augen, nahm ihn bei der Hand und fragte ihn, ob er etwas sähe; jener aber antwortete hocherfreut, er könnte seine Hand sehen. Darauf dieser: „Sage dem allmächtigen Gotte Dank". Während sie nun über den katholischen Glauben und von Verschiedenem, was zum Heile der Seele dient, sprachen, kamen sie in ein

---

[1]) Siehe oben 18. S. 72. — [2]) Holwyrde bei Delfzyl.

Dorf mit Namen Werfhem[1] und er fragte ihn, ob er dasselbe erkennen könnte. Jener aber nannte es sogleich bei seinem Namen und versicherte, er könnte die Bäume und alle Gebäude des Dorfes gut sehen, dieser dagegen sprach wieder: „Sage dem allmächtigen Gotte Dank, der Dir das Augenlicht zurückgegeben hat." Und als sie in ein Dorf mit Namen Wyscwyrd[2] kamen, wo ein Bethaus errichtet war, ließ er ihn mit sich beten und Gott Dank sagen und verband ihn durch einen Eid, daß er vor seinem Tode Niemanden den Hergang seines Wiedersehendwerdens mittheilen wollte. Jener befolgte die Befehle des Mannes, stellte sich noch einige Tage blind und ließ sich von Anderen führen, aber nach Liudgers Tode machte er bekannt, auf welche Weise er das Augenlicht wieder erlangt hatte.

26. Bei der zweiten Austreibung der Diener Gottes aus Friesland, von welcher wir oben[3] gesprochen haben, befahl der heilige Liudger eben diesem Bernlef, weil er bei Vielen beliebt war, in den einzelnen Häusern herumzugehen und den gläubigen Frauen ihre Kinder, wenn sie dem Tode nahe wären, zu taufen, indem er sie in Wasser, wenn es nur im Namen des Herrn geweiht wäre, unter Anrufung der heiligen Dreifaltigkeit eintauchte oder damit übergösse. Dieser aber, seinen Befehlen gerne gehorchend, taufte während dieser Stürme achtzehn Kinder, welche alle bald nach der Taufe starben, mit Ausnahme von zweien, welche der heilige Liudger nach Wiederkehr des Friedens mit dem heiligen Chrysam firmte. Bernlef selbst aber erlernte, wo er nur den Diener Gottes später traf, Psalmen bei ihm und behielt das durch ihn wieder hergestellte Augenlicht, bis er als hochbetagter Greis in Frieden starb. Als ihn sein Weib weinend fragte, wie sie ohne ihn würde

---

[1] Warffum, nördlich von Gröningen.
[2] Usquert, in der Provinz Gröningen. — [3] 22. S. 76.

leben können, antwortete er ihr: „Wenn ich etwas vom Herrn erlangen kann, wirst Du nach meinem Tode nicht mehr lange in dieser Welt leben." Und obgleich sie diese Antwort gesund und wohlbehalten anhörte, so folgte sie ihm doch am fünfzehnten Tage im Tode nach.

27. Zu einer anderen Zeit, als der heilige Liudger sich an der Meeresküste befand, in einem Orte, der Werthina genannt wird[1], und wo er selbst aus seinem väterlichen Erbe ein Kloster errichtete, hatte er einen furchtbaren Traum, welchen er seiner Schwester Heriburga erzählte; „ich sah", sprach er, „im Traume die Sonne aus der nördlichen Gegend über das Meer fliehen und sehr dunkle Wolken ihr folgen. Die fliehende zog über uns hin und konnte wegen ihrer weiten Entfernung nicht mehr von uns gesehen werden, dagegen bedeckten die finsteren Wolken, die ihr folgten, diese ganze Küstengegend. Nach langer Zeit aber erschien die Sonne wieder, kleiner und blasser, als sie vorher war, und trieb die Nebel über das Meer." Bei dieser Erzählung flossen reichliche Thränen über sein Angesicht und als ihn seine Schwester weinen sah, brach sie selbst in Thränen aus und sagte: „Was soll dieser Traum bedeuten?" Darauf antwortete er: „Von den Nordmannen werden große Drangsale kommen, Kriege und schreckliche Verheerungen, so daß diese freundliche Küstengegend, weil es die Sünden erfordern, beinahe unbewohnbar sein wird. Darauf wird aber durch die Gnade Gottes seiner Kirche der Friede zurückgegeben werden und das schreckliche Leiden, das diese Gegend heimgesucht, wird auf die Nordmannen selbst zurückfallen." Jene aber sprach seufzend: „O möchte es doch Gott gefallen, mich von dieser Welt hinwegzunehmen, ehe jene Leiden über uns kommen," worauf dieser: „Das wird nicht der Fall sein, sondern es wird

---

[1] Nach Diekamp Wierum in Westfriesland. Von hier scheint er den Namen auf seine Stiftung Werden an der Ruhr übertragen zu haben. (Rettberg II, 422.)

während Deiner Lebenstage geschehen, ich aber werde jene schreckliche Plage in diesem Leibe nicht mehr sehen." Die Wahrheit dieser Vorhersagung wurde während seiner Schwester und unserer Lebtage dargethan, denn während der ganzen Zeit, in welcher dieser Diener Gottes auf dieser Welt lebte, war allenthalben Frieden, so daß Niemand glaubte, es könnte dieser Gegend irgend ein Uebel durch die Nordmannen zustoßen. Nach seinem Tode aber[1] haben wir fast jedes Jahr schreckliche und unzählige Plagen von dem wilden Nordmannenvolke erduldet, denn die Kirchen wurden verbrannt, die Klöster zerstört, die Landgüter von den Bewohnern verlassen, so daß infolge der Sünden die Küstengegenden, welche früher von einer Menge Menschen bewohnt waren, fast zu Einöden wurden. Aber wir hoffen, daß die Sonne der Gerechtigkeit, die sich unserer Sünden wegen entfernt hat, wieder zurückkehren und nach der Vorhersagung des Mannes Gottes seiner Kirche den Frieden zurückgeben wird.

28. Derselbe Priester[2] kam auch zu seiner Kirche in dem Orte, der Billurbeki[3] genannt wird, und, sieh! ein Weib das mit einem Manne in unerlaubter Ehe lebte und seinen Zorn besänftigen wollte, schickte ihm Honig, gleichsam zum Willkommen. Er aber verschmähte das Geschenk und weigerte sich, es anzunehmen; einige seiner jüngeren Schüler jedoch, welche begierig nach dem Honig waren, nahmen es an und versteckten es in der Kirche hinter dem Altar. Als nun der Mann Gottes an eben diesen Altar trat, um das Meßopfer zu feiern, und seinen Mund zum Gebete öffnete, zersprang das irdene Gefäß in welchem sich der Honig des Ungehorsams befand, in kleine Stückchen, der Honig spritzte umher und wurde aufgelesen und vor die Thüre geworfen. Aber der Streiter Christi

---

[1] Im Jahre 809. Der erste Einfall der Nordmannen wird zum Jahre 810 berichtet. — [2] Liudger. — [3] Billerbeck im Kreise Koesfeld an der Berkel.

ruhte nicht, bis er jene unerlaubte Ehe getrennt hatte, und den Mann, der sich derselben unterstanden, verbannte er aus dem Lande.

29. Als er in Friesland, um Unterricht zu ertheilen, zu seiner Kirche in dem Orte, der Hleri[1] genannt wird, am Flusse Lade[2] gekommen war, bat er die Fischer, die ihn mit Fischen zu versehen pflegten, daß sie ihm einen Stör, wenn sie einen solchen fingen, bringen sollten. Jene aber sagten, die Zeit wäre längst vorüber, in welcher man solche Fische fangen könnte; es war nämlich der Winter schon nahe. Er aber antwortete ihnen mit heiterer Miene: „Geht, Kinder, und thut was ich gesagt habe; der Herr ist mächtig genug, seinen Dienern zu jeder Zeit das Gewünschte zu geben." Sie aber, durch die Bitte des Mannes Gottes bewogen, begannen in gewohnter Weise, ihr Netz durch das Wasser zu ziehen. Und sieh! als sie aufblickten sahen sie plötzlich einen großen Vogel, der vor ihren Augen vom Himmel herabkam, und als sie ihn scharf und aufmerksam betrachteten, sprach einer zum andern: „Er hat wahrhaft Aehn= lichkeit mit einem Fische." Während sie aber von Furcht und Staunen bewegt waren, fiel der scheinbare Fisch oder Vogel vor ihnen in's Wasser und als sie an die Stelle kamen, ging ein Fisch von wunderbarer Größe in ihr Netz, den man Stör nennt und den der Mann Gottes gewünscht hatte. Sie aber nahmen ihn, und brachten ihn demselben Diener des Herrn und erzählten das Wunder, das sich ereignet hatte, worauf jener sprach: „Sagen wir dem allmächtigen Gotte Dank, der allem Fleische seine Nahrung giebt.[3] Zugleich verbot er ihnen, dies zu erzählen, als wäre es wegen irgend eines Menschen Heiligkeit oder Verdienst gesehen.

30. Der heilige Liudger war auch in den heiligen Schrif= ten sehr bewandert, wie man aus dem von ihm verfaßten Buche

---

[1]) Leer. — [2]) Leda, mündet in die Ems. — [3]) Psalm 136, 25.

## Liudgers Schriften und Tugenden.

über das Leben der heiligen Lehrer Gregor und Albrich[1] deutlich ersieht; aber auch die ersten Anfänge des heiligen Bonifazius, seine Ankunft und seine Ordinierung, welche in einem anderen Werke übergangen wurden, hat er in fließender Rede selbst niedergeschrieben.[2] Dabei unterließ er nicht, jeden Morgen seinen Schülern selbst Vorlesungen zu halten, und was immer er in den heiligen Büchern als geboten vorfand, das strebte er mit allem Eifer selbst zu beobachten und zu lehren. Er hütete sich, sich einen leeren Namen zu machen, und deshalb suchte er nach dem Worte des Apostels[3] Alles nach Maß zu thuen. Eine Kutte zu tragen unterließ er, weil er das Mönchsgelübde nicht abgelegt hatte, aber ein Büßerhemd, welches leichter zu verbergen war, trug er auf dem bloßen Leibe bis zum Ende seines Lebens. Den Genuß von Fleischspeisen wies er zu gewissen Zeiten nicht zurück, aber keiner seiner Schüler hat ihn je durch Speise oder Trank gesättigt gesehen. Wenn er nach seiner Gewohnheit Arme und Reiche an seinen Tisch geladen hatte, unterließ er nicht, ihren Herzen während des Mahles die süßen Lehren des ewigen Lebens zu spenden, so daß sie mehr durch geistige als durch leibliche Genüsse gesättigt zurückkehrten. Er war ein Vater der Armen und ein Verächter seiner selbst und suchte sich nach der Lehre des Apostels[4] Allen so anzupassen, daß er Allen von Nutzen sein könnte. Auch war er sehr begierig, der Lehre wegen zu den Nordmannen zu gehen, aber König Karl gab dazu keineswegs seine Einwilligung.

---

[1]) Albrich, früher Mitschüler, dann Bischof Liudgers, wird in dem uns erhaltenen ersten Theile von Liudgers Werke nur selten erwähnt, vielleicht wurde mehr über denselben in dem verloren gegangenen zweiten Theile berichtet.

[2]) Mit Unrecht hat man aus dieser Stelle auf ein eigenes Werk Liudgers über Bonifazius geschlossen, indem Alles, was Altfrid als über den Heiligen berichtet anführt, im Leben Gregors zu finden ist. Sonderbarer Weise verfällt Liudger bei seinen Berichten über Bonifazius nicht selten in die größten Irrthümer.

[3]) 2 Kor. 10, 3. — [4]) 1 Kor. 9, 19—22.

31. Als der Herr bereits beschlossen hatte, ihm für seine frommen Arbeiten den ewig dauernden Lohn zu gewähren, wurde er einige Zeit vor seinem Tode von körperlichen Beschwerden heimgesucht. Aber schon krank beschäftigte er in gewohnter Weise seinen Geist fortwährend auf das Sorgfältigste mit heiligen Verrichtungen, indem er entweder geistliche Lesung anhörte, oder Psalmen sang, oder auch sich mit anderen geistlichen Dingen beschäftigte, damit er nicht, der frommen Betrachtung entfremdet, lau würde. Und fast jeden Tag feierte er, obwohl krank dem Körper nach, doch unermüdet im Geiste, das heilige Meßopfer. Am Sonntag aber, da er er in der darauffolgenden Nacht von dieser Welt zum Herrn hinübergehen sollte, predigte er, gleichsam um den ihm anvertrauten Schafen Lebewohl zu sagen, in seinen beiden Kirchen öffentlich, nämlich am frühen Morgen in dem Orte, der Coasfeld[1] heißt, wobei ein Priester die Messe sang, und um die dritte Stunde[2] in dem Billurbeki genannten Orte, wo er, wie bereits gesagt, krank dem Körper nach, aber stark durch seine feurige Liebe, das letzte Meßopfer feierte, worauf er auch in der folgenden Nacht unter dem Beistand seiner Brüder dem Herrn die ihm wohlgefällige Seele zurückgab. In der Stunde seines Verscheidens würdigte sich der Herr, ein Zeichen seiner Gnade zu geben. Denn als der Priester Gerfrid, sein Neffe und Nachfolger, in derselben Nacht zugleich mit anderen Brüdern sich beeilte, ihn zu besuchen, und sie nur noch eine kurze Strecke Wegs hatten, sahen sie vor sich ein helles Licht gleich einem Feuer in die Höhe steigen und alle Finsterniß der Nacht verscheuchen. An diesem Zeichen erkannten sie sofort den Hingang des heiligen und ehrwürdigen Vaters, legten den noch übrigen Weg mit großer Eilfertigkeit zurück, fanden ihn aber bereits todt. Und als sie genau nachforschten, erkannten sie, daß in demselben Augenblicke,

---

[1]) Coesfeld. — [2]) Morgens 9 Uhr.

in welchem ihnen das Licht erschienen war, der unabläſſige Forſcher und Liebhaber des Lichtes zum Herrn gewandert war.

32. Seine Schüler hatten nicht vergeſſen, daß der Prieſter des Herrn, ſo lange er noch lebte, angeordnet hatte, man ſollte ſeinen Leib in dem Werthina genannten Orte begraben, wo er auf ſeinem Erbe[1] zu Ehren des Erlöſers, der heiligen Mutter Gottes und des Apoſtelfürſten Petrus eine Wohnung für Mönche und eine Kirche errichtet hatte; da ſich aber das Volk in Anbetracht ſeiner Verdienſte dieſem Vorhaben heftig widerſetzte, ſo wurde derſelbe nach gehaltener Berathung in das von ihm errichtete und Mimigerneford genannte Kloſter geführt und in der Kirche der heiligen Maria beigeſetzt, bis der Biſchof der Cabaloneuſiſchen[2] Kirche mit Namen Hildegrim, der Bruder des Mannes Gottes und von ihm unterrichtet, mit dem glorreichen König Karl unterhandelte, damit auf deſſen Befehl, oder vielmehr nach dem Beſchluſſe Gottes ſein heiliger Leib da begraben wurde, wo er es lebend ſelbſt verlangt hatte, und zwar nach ſeinem Befehl außerhalb der Kirche, auf der öſtlichen Seite. Er wollte nämlich niemals zugeben, daß ein menſchlicher Leichnam in einer von ihm geweihten Kirche begraben würde. Er ſtarb aber im Jahre der göttlichen Menſchwerdung 809 am 26. März und am zweiunddreißigſten Tage nach ſeinem ſeligen Tode, das iſt am 26. April wurde er an dem genannten Orte begraben.

---

[1] Vielmehr auf dem durch Tauſch und Schenkung erworbenen Grunde. (Nach dem Wortlaut müßte man eigentlich an das S. 80 erwähnte Wierum denken, welches doch nicht möglich iſt. W.) — [2] Chalons a. d. Marne.

# IV.

# Das Leben Willehads, Bischofs von Bremen.

Uebersetzt von Dr. J. C. M. Laurent.

Neu bearbeitet von W. Wattenbach.

# Einleitung.

So wichtig ausführliche Lebensbeschreibungen hervorragender Männer uns sind für die Geschichte früherer Jahrhunderte des Mittelalters, in welchem hervorragenden Persönlichkeiten einen größeren Einfluß auf ihre Zeitgenossen zu üben häufiger beschieden war, als dieses in Zeiten allgemeinerer Bildung der Fall zu sein pflegt, so werden jene Biographien uns noch bedeutender, je kürzer die derzeitigen Jahrbücher abgefaßt, je mangelhafter die Chroniken jener Zeiten geschrieben sind. Urkunden, falls sie sich erhalten haben sollten, belehren uns beinahe stets nur über kirchliche und Eigenthums=Verhältnisse, seltener über die Lebensumstände der in jenen benannten Personen. Briefe, welche für dieselben so sehr lehrreich zu sein pflegen, sind uns nur in wenigen Fällen durch eine besondere Gunst des Schicksals erhalten.

Von ganz besonderem Werthe sind daher für das nordwestliche Deutschland die Biographien von drei seiner ältesten und segensreichsten Bischöfe, des h. Willehad, Anskar und Rimbert, von welchen Werken die zwei ersten zu schreiben die beiden letztgenannten Erzbischöfe ihrem hohen Berufe nicht unangemessen erachteten. Diese Bücher haben wir das Glück in sehr alten trefflichen Handschriften zu besitzen, und finden wir daher in ihnen sogar einen Ersatz für manche verloren gegangene und den Prüfstein für die vorhandenen oft verfälschten Urkunden der betreffenden hamburgischen und bremischen Kirchen. Eine dieser Handschriften hat ein zu bedeutendes historisches Interesse, um nicht hier derselben zu gedenken, welche nämlich, schon zur Zeit des Erzbischofes Adalbert von Hamburg geschrieben, von dem erfolgreichsten der Nachfolger jener drei Glaubensboten des Nordens, dem verehrungswürdigen Bekehrer der Ostsee-Slaven, Vicelinus, ersten Bischofe zu Lübeck, in seiner Jugend dem Domkapitel zu Paderborn, wo er den ersten wissenschaftlichen Unterricht erhalten hatte, geschenkt wurde.

Das hier vorliegende Leben des h. Willehad, eines der gesegnetsten Bekehrer der heidnischen Friesen und Sachsen, des ersten Bischofs von Bremen, trägt den Namen des Erzbischofes Anskar als seines Verfassers an der Spitze. Dieser, in der Picardie oder einem benachbarten Districte geboren, war demnach kein Landsmann des Angelsachsen, seines Vorgängers, welcher sogar wenigstens zehn Jahre vor Anskar's Geburt verstorben war, und von welchem sein bischöflicher Nachfolger durch ein halbes Jahrhundert der Regierung des Bischofes Willerik getrennt war. Anskar hat daher nicht einmal von Schülern und Freunden des h. Willehad viel über denselben vernehmen können und ist seine eigentliche Biographie auf wenige Blätter beschränkt. Er kannte selbst nicht Willehad's Vertrautheit mit dem großen Apostel der Friesen, dem h. Liudger, dem ersten Bischofe zu Münster, und mit dessen berühmtem Freunde, dem Magister Alkuin zu York, welcher uns durch einen Brief des letzteren an jenen kund geworden. Alkuin scheint sogar einige Zeit bei Willehad auf dem Festlande gelebt und gewirkt zu haben.

Anskar's kurze Schrift enthält jedoch die ältesten und erscheint als die Quelle aller späteren Nachrichten über die Thaten des ältesten Apostels für Niedersachsen, dessen Kirche an dem Weserstrom durch seine Nachfolger für das nördliche Europa zu einer so großen Bedeutung berufen war. Doch auch der von Anskar gegebene Anhang über die am Grabe des h. Willehad geschehenen Wunder bewahrt uns mannigfaltige Notizen über die äußeren und inneren Zustände jener Zeit, und besitzet neben manchem historischen und geographischen ein wenn auch nicht streng arzneiwissenschaftliches, doch unstreitiges psychologisches Interesse.

Hamburg, den 21. April 1856.

**J. M. Lappenberg.**

------

Dieses Vorwort von dem einst hochverdienten Gelehrten glaubten wir nicht antasten zu dürfen, obgleich es nach dreißig Jahren dem heutigen Stande der Forschung nicht mehr vollständig entspricht. Adam von Bremen I, 14 sagt zwar, daß Anskar das Leben Willehads verfaßt habe, und dabei hat man sich lange beruhigt. Zuerst G. Dehio in seiner Geschichte des Erzbisthums Hamburg-Bremen bis zum Ausgang der Mission (Berlin 1877) hat I b, S. 51 darauf hingewiesen, daß diese Angabe unmöglich richtig sein kann, und nachdem einmal die Aufmerksamkeit darauf gerichtet ist, kann ein Zweifel nicht gut mehr möglich sein. Anskar war ein großer Verehrer des heiligen und wunderthätigen Bischofs, er hat im J. 860 seinen Leib feierlich erhoben und übertragen, und die Wunder beschrieben, welche man seiner Fürbitte zuschrieb. In diesem Büchlein aber nennt er sich ausdrücklich und verhehlt nirgends seine eigene Persönlichkeit. Nirgends ist der geringste Hinweis darauf, daß er auch das Leben Willehads beschrieben habe, und auch der Stil seines salbungsvollen Vorworts ist ganz verschieden von dem des ersten Vorworts. Es ist geradezu undenkbar, daß beide Schriften denselben Verfasser haben. Dazu kommt noch, daß Anskar auch der Zeit nach Willehad schon sehr fern stand, der Verfasser der Lebensbeschreibung aber aus einer noch lebendigen Ueberlieferung schöpfte, wenn gleich auch er erst nach dem Tode Willerichs (838) geschrieben hat. Dem entspricht es, daß er nur wenig bestimmte Thatsachen berichten konnte, immerhin aber doch mehr, als wir auf mündliche Ueberlieferung allein zurückführen dürfen. Merkwürdiger Weise finden wir einige dieser Nachrichten, von Willehads Weihe und seinem Tod, von dem Sachsen Widukind und Karls Kaiserkrönung, wie schon Pertz bemerkt hat, auch in der aus dem weit entfernten französischen Kloster Moissac stammenden Chronik. Für diese aber sind eine Hauptquelle die Annales Laureshamenses, an welche gleichfalls eine Stelle wörtlich anklingt, während freilich die übrigen darin nicht zu finden sind. Doch hat man schon aus anderen Gründen angenommen, daß der Chronist von Moissac jene Annalen in reicherer Form, als wir sie besitzen, gekannt hat, und ein solches Exemplar, vielleicht noch mit anderen Zusätzen versehen, scheint auch der Biograph Willehads besessen zu haben.[1]

Was Lappenberg ferner über seine Freundschaft mit Alkuin sagt, beruht auf der folgenden Stelle eines in Willehads Todesjahre von Alkuin geschriebenen Briefes: „Grüße tausendmal meinen so sehr geliebten Bischof Vilhaed. Es reut mich sehr, daß ich ihn verlassen habe. Möchte ich ihn doch sehen und meinen Lebenslauf auf der Pilgerfahrt beschließen können!"[2] Der ungenannte Abt, an welchen der Brief gerichtet ist, war auch bei der Bekehrung der Sachsen thätig. Die Freundschaft, welche Alkuin mit Willehad verband, wird wohl schon aus ihrer gemeinsamen northumbrischen Heimat stammen; daß Alkuin bei Willehad einige Zeit gelebt und gewirkt habe, wie Lappenberg meint, scheint nicht gut möglich anzunehmen: er wird ihn aber bei seiner Bischofsweihe wiedergesehen und vielleicht eine Strecke weit begleitet haben.

Berlin im Mai 1888. **Wattenbach.**

---

[1] Vgl. B. Simson in den Forschungen zur Deutschen Geschichte XIX, 133.

[2] Et saluta millies dilectissimum meum Uilhaed episcopum. Multum me poenitet, quod recessi ab eo. Utinam videam eum, et sit cursus vitae meae consummatus in peregrinatione. Jaffé, Biblioth. rer. Germ. VI, 165.

# Vorwort.

Wenn der Gläubige, von frommer Begeisterung erfüllt, sich getrieben fühlt, der Heiligen Lob und Thaten zu verkünden, so will er in ihnen Christum selbst preisen, den Erlöser selbst verherrlichen. Denn nur durch Seine Kraft haben sie den Sieg errungen, weil sie durch Seine Gnade in gutem Wandel treu befunden sind. Von Gottes Gnade sind ja, wie der Apostel[1] bezeuget, die Heiligen was sie sind, und weil diese Seine Gnade immer nur guter Art ist, so wird auch durch sie der Mensch zum Streben nach dem Guten angeregt. Durch eben diese Gnade Gottes geschieht es auch, daß der Keim des Guten, welcher bereits zu sprießen begonnen hat, allmählich zunimmt und wächst und vielfältige Frucht trägt, so daß jeder Gerechte, wenn er nur will, wenn er nur in vollem Maaße und mit unbegränztem Eifer will, die Gebote Gottes erfüllen kann. Darum verdienen also die Heiligen Lob wegen ihrer Verdienste, oder vielmehr Christus ist in ihnen zu loben, Christus, durch dessen Gnade sie in den Stand gesetzt wurden, gut und heilig zu werden. Obwohl nun aber diese Loblieder manchen, die hienieden ein frommes, glaubenskräftiges Leben führen, aus dem Munde andächtiger Gläubigen schon während ihres Lebens mit Recht erschallen, so ist es doch besser und verständiger, erst dann die Heiligen so zu feiern, wenn sie alle Gefahren des Erdenlebens glücklich bestanden und überwunden haben, da es gewiß passender ist, erst dann, wenn weder der Ge-

---

[1] Paulus an die Kor. I. 15, 10.

priesene in Versuchung kommen kann, hochmüthig zu werden, noch der Preisende dem Vorwurfe der Schmeichelei sich aussetzt, die Heiligkeit eines Menschen zu preisen und zu erheben. Daher ist es denn auch ganz mit Recht in der heiligen Kirche Sitte geworden, den Wandel und die Frömmigkeit der Heiligen, welche in diesem Leben durch Wunderthaten, durch gläubige Hingebung und durch Ausübung guter Werke Preis und Dank erlangt haben, erst nach ihrem Hinübergange zu schildern, damit die Nachkommen an ihnen Vorbilder der Tugend haben und an ihrem Beispiele sehen mögen, wie weit Gottes Barmherzigkeit reicht, und erkennen, daß sie an dem, was sie vielleicht für unmöglich halten, im Hinblicke auf die Thaten, welche jene, die doch nur, wie sie, hienieden in der gebrechlichen Leibeshülle einher wandelten, durch Gottes Gnade verrichtet haben, nicht verzweifeln dürfen. Wenn nun alle Gläubigen von Rechteswegen allen Heiligen, den seligen Bürgern jener himmlischen Heimat, solche Ehre zu erzeigen schuldig sind, so muß doch mit um so größerem Eifer ein jeder dergleichen Verpflichtungen gegen die fühlen, unter deren Schutze er insbesondere zu stehen, unter deren Obhut er vor allem geborgen zu sein voll fester Zuversicht glaubt und vertraut. Aus diesen Gründen habe auch ich es für Pflicht gehalten, das fromme und stets gottselige Leben unseres heiligen Vaters Willehad, des ersten Bischofs zu Bremen, zu beschreiben, um dadurch, daß ich die Triumphe schilderte, welche seine wunderbare Thatkraft errang, in ihm sowohl die Herrlichkeit zu verkünden, als auch seine Heiligkeit anderen als Muster zur Nachahmung hinzustellen.

---

1. Es war also der ehrwürdige Mann Willehad, dem Volke der Angeln angehörend, ein Nordhumberländer. Von Kindheit

an der Gottesgelehrsamkeit sich widmend und in der heiligen
Wissenschaft unterwiesen, begann er voll Eifers dem Dienste
Gottes sich zu weihen, und zeigte sich, indem er Tag und Nacht
fastete, wachte und betete, als Verehrer des allmächtigen Gottes.
Er betrug sich so ehrbar und tugendhaft, daß er bei allen
seinen Landsleuten und Nachbaren beliebt und von allen gelobt
wurde. So ward denn auch, als er zu den gehörigen Jahren
gekommen war, die Gunst, in der er bei allen stand, bei der
Wahl offenbar, durch welche er zur Würde eines Priesters er=
hoben wurde. Auf dieser Bahn aber war er durch Heiligkeit
des Wandels und durch die rühmlichste Ausübung guter Werke
sich stets mehr und mehr zu fördern und weiter zu kommen
bemüht. Nachdem er also die Priesterweihe empfangen hatte,
vernahm er, daß die Friesen und die Sachsen, welche bis da=
hin ungläubige Heiden gewesen waren, dem Götzendienste ent=
sagt, nach den Lehren des katholischen Glaubens schon ein ge=
wisses Verlangen gezeigt und den Wunsch kundgegeben hätten,
durch die heilige Taufe von der alten Unreinigkeit befreiet zu
werden. Diese Nachricht erfüllte den Mann Gottes mit großer
Freude, und, von inniger Liebe entbrannt, begann er sich an=
gelegentlichst darum zu bekümmern, wie er, um Gott zu ehren,
nach jenen Gegenden hin gelangen könnte. Und weil der Knecht
Gottes, vom Geiste des Herrn getrieben, in diesem Eifer von
Tage zu Tage heftiger entbrannte, so konnte sein Licht denn
auch nicht in der Finsterniß unter dem Scheffel verborgen blei=
ben, sondern es ward gesetzet auf einen Leuchter, auf daß es
leuchten sollte allen, die sowohl damals im Hause des Herrn
waren, als dereinst in demselben sein würden. Er begab sich
also zu dem Könige, welcher damals über das Volk der An=
geln regierte, Namens Alachrat[1], schilderte demselben unter

---

[1] Alachred, Eanwins Sohn, regierte über Northumberland von 765—774. S.
Lappenberg, Gesch. v. England I, 209. 210.

einem Strome von Thränen, welcher Eifer, dem Herrn zu dienen, ihn erfülle, und bat ihn um die Erlaubniß, die ebenerwähnten Länder besuchen zu dürfen, um dort das Wort Gottes zu predigen. Sobald dieser seine fromme Absicht vernommen hatte, berief er eine zahlreiche Versammlung von Bischöfen und anderen Geistlichen, schilderte in Gegenwart aller Willehads heiße Sehnsucht, und ordnete ihn unter allgemeiner Zustimmung (denn schon längst hatten alle seine Heiligkeit erkannt und bewundert) ab, um, der Gnade des Herrn empfohlen, in die genannten Gegenden als Sendbote des Evangeliums sich zu begeben.

2. Mit freuderfülltem Herzen begab er sich auf die Reise, schnell setzte er über das Meer, und kam nach Friesland an einen Ort Namens Dockynchirica[1] im Lande Hostraga, wo einst Bischof Bonifatius mit der Märtyrerkrone geschmückt war. Hier also, wo dieses Blutzeugen Predigt viele zum Glauben gebracht hatte, wurde Willehad mit vielen Ehren empfangen, und blieb daselbst, Gottes Wort lehrend, lange Zeit; denn gar viele Edele gaben ihm auch ihre Kinder zu unterrichten. Diese leitete er sowohl durch seine Lehre, als durch das Beispiel seines frommen Wandels zur Liebe Gottes an. Auch führte er gar manchen Irrenden wieder zum wahren christlichen Glauben zurück, und zeigte sich selbst dort als ein hellstrahlendes Licht göttlichen Glanzes. Er unterwies auch eine sehr große Menge von Heiden in der Lehre Christi, und taufte sie zu Dockynchirica.

3. Von da reiste er weiter. So kam er über einen Fluß Loveke[2] und nach einem Orte Namens Humarcha[3]. Daselbst begann er den Heiden das Wort Gottes zu verkündigen und ihnen in's Herz zu reden, daß sie den abergläubischen Götzen-

---

[1] Kirche zu Dockum im Lande Ostergo in Westfriesland, Diöcese Utrecht.

[2] Jetzt Lauwers. — [3] Hummerze, jetzt Humsterland, der Name eines in der Münsterschen Diöcese gelegenen Gaues, ostwärts der Lauwers, im Süden an Drenthe stoßend.

dienst aufgeben und den einigen wahren Gott erkennen möchten, um durch das sühnende Wasser der Taufe Vergebung ihrer Sünden zu erlangen; denn thöricht, sagte er, und nichtig ist es, von einem Steine Hülfe zu erwarten, und von stummen und leblosen Bildern Schutz und Trost zu hoffen. Als aber das wilde, dem Götzendienste ganz ergebene Volk ihn so reden hörte, so geriethen alle insgesammt in Zorn und Wuth, und zähneknirschend schrieen sie, ein solcher Frevler dürfe nicht länger leben; wer solche Lästerworte gegen ihre unüberwindlichen Götter auszusprechen wage, der sei des Todes schuldig. Einige Verständigere jedoch sprachen den übrigen folgendermaßen zu. Sie sagten, sie kennten diese Art von Religion nicht, sie müßten nicht, ob dieselbe göttlichen Ursprungs sei, oder nicht; auch sei der Mann sonst keines Verbrechens zu zeihen; darum dürfe man ihn auch nicht auf eine so unbegründete Weise zum Tode verurtheilen; man müsse vielmehr das Loos über ihn werfen: da werde der Himmel zeigen, ob er den Tod verdiene; wenn nicht, so möchten sie ihn frei seines Weges ziehen lassen und sich selbst ja nicht mit Schuld beflecken. Man folgte ihrem Rathe, und nach heidnischer Weise ward über Willehad das Loos geworfen, ob er am Leben bleiben oder sterben solle. Da sorgte denn die göttliche Vorsehung, daß das Todesloos über ihn nicht fallen konnte; daher wagten sie ihm auch weiter nichts anzuhaben, sondern ließen ihn, nachdem sie sich noch einmal mit einander berathen, unangetastet ziehen.

4. Er also gelangte von da nach Thrianta[1], wo er durch seine Predigt eine sehr große Menge Heiden zum Glauben und zum Sakramente der Taufe brachte. Hier verweilte er längere Zeit, und war darauf bedacht, nicht blos die Ungläubigen zu unterweisen, sondern auch die Gläubigen auf dem Wege der Wahrheit durch Wort und Beispiel zu stärken. Gar viele be-

---

[1] Gau Drenthe in der Utrechter Diöcese.

gannen seinen tugendhaften Wandel zu achten und die Verirrungen der Heiden zu verabscheuen, die christliche Religion aber zu bekennen und mit Innigkeit und Andacht auszuüben. Daher kam es, daß einige seiner Schüler, von göttlichem Eifer ergriffen, die in der Umgegend zerstreuten heidnischen Tempel zu zerstören und auf alle Weise zu vertilgen begannen. Dies bewog die Heiden, die bis jetzt noch ungläubig geblieben waren, wuthentbrannt plötzlich mit großer Gewalt über sie herzufallen, um sie allesammt zu vernichten. Bei der Gelegenheit schlugen sie den Knecht Gottes mit Knitteln, und er mußte viele Streiche leiden. Einer von ihnen drang sogar mit gezücktem Schwerte auf ihn ein, und wollte ihm das Haupt abschlagen; allein der fromme Mann hatte gerade eine Kapsel mit Reliquien am Halse hangen, und als nun der Streich des Schwertes auf seinen Hals fiel, so schnitt derselbe zwar den Riemen, woran die Kapsel hing, zum Theil durch, konnte aber ihn selbst durchaus nicht verletzen. Ueber dieses Wunder erschreckt, ließen die Heiden ihn und seine Gefährten unverletzt fort, und wagten sie nicht weiter zu belästigen.

5. Darauf ließ Karl, der glorreiche König der Franken, zu dessen Ohren Willehads Ruhm gedrungen war, ihn zu sich rufen. Schon oft nämlich hatte er sich bemüht, die Sachsen zum Christenthume zu bekehren: allein immer waren sie wieder vom wahren Glauben abgewichen und ins Heidenthum zurückverfallen. Als Willehad kam, empfing ihn der König sehr ehrenvoll, unterredete sich angelegentlich mit ihm, und hörte aufmerksam auf seine Lehre. Da er nun auch seinen sittlichreinen Lebenswandel und seine Festigkeit und Treue im Glauben erkannte, so sandte er ihn zu den Sachsen in den Gau Wigmodien[1], um daselbst im Auftrage des Königs Kirchen zu

---

[1] Der Gau Wigmodien lag am östlichen Ufer der Weser und der Wümme, von

bauen, dem Volke das Evangelium zu predigen und allen dort wohnenden den Weg des ewigen Lebens zu zeigen. Willehad übernahm dies Amt in Demuth, und verwaltete es mit der größten Pflichttreue. Er bereiste ringsumher seinen ganzen Sprengel, und bekehrte durch seine Predigt viele zum Glauben an den Herrn, so daß im zweiten Jahre nach seiner Ankunft sowohl die Sachsen, als die in der Umgegend wohnenden Friesen insgesammt Christen zu werden gelobten. Dies geschah denn auch im Jahre 781, im 14. Jahre der Regierung Karls, der jedoch noch nicht zum Kaiser erhoben war. Dazu wurde er erst später, in seinem vierunddreißigsten Regierungsjahre, von der Hand des hochwürdigen apostolischen Herrn Leo zu Rom geweihet; erst da begrüßte die katholische Kirche von ganz Europa mit ehrerbietigem Glückwunsche ihn als den römischen Kaiser und Imperator. Die kaiserliche Würde nämlich, welche seit dem frommen Kaiser Constantin bei den Griechen zu Constantinopel gewesen war, hatte man, nachdem die Männer königlichen Stammes daselbst ausgestorben und die Regierung mehr in die Hände der Frauen als der Männer gekommen war, um diese Zeit zufolge der Wahl des römischen Volkes in einer sehr großen Versammlung von Bischöfen und anderen Geistlichen an das fränkische Reich übertragen, weil König Karl sowohl die Stadt, welche einst das Haupt des Reiches gewesen war, als auch viele andere Länder des römischen Reiches beherrschte, weshalb er mit Recht des kaiserlichen Scepters für würdig erachtet würde. — In der vorerwähnten Zeit seiner Regierung also begann der Knecht Gottes Willehad in Wigmodien Kirchen zu bauen und Priester in denselben anzustellen, welche dem Volke die Lehren des Heiles und die Gnade der Taufe freigebig spendeten.

---

Langwedel bis Stotel. In ihm lag die Stadt Bremen und also der Kern des Bisthumes dieses Namens.

6. Im folgenden Jahre[1] erhob sich, angereizt vom Teufel, dem Feinde alles Guten, Widukind, ein Mann verstockten Herzens. Dieser sammelte in der Absicht, sich gegen König Karl zu empören, eine große Menge Sachsen, und diese Bösewichter waren nun einhellig bemüht, die, welche treu im Christenglauben verharrten, zu verfolgen, auch die Diener der Kirche, wo sie sie trafen, zu vertreiben und aus dem Lande zu jagen. Diese Verfolgung bewog den Knecht Gottes nach dem Gebote des Herrn, welcher[2] gebeut: „Wenn sie euch aber in einer Stadt verfolgen, so fliehet in eine andere," von Wigmodien nach Utriustrien[3] sich zu begeben. Dort schiffte er sich ein, und fuhr über das Meer bei Friesland vorbei. So entkam er durch die Gnade Gottes seinen Verfolgern. Die Sachsen aber löschten nun ihren Blutdurst, den sie in dem Blute des Meisters nicht hatten befriedigen können, mit um so heißerer Wuth in dem seiner Schüler. Sie brachten nämlich den Priester Folcard sammt dem Grafen Emmig im Lande Leri[4], ferner den Benjamin in Ubriustri[5], dann den Geistlichen Atreban in Thiatmaresgaho[6] und endlich den Gerwal mit seinen Genossen in Bremen aus Haß gegen die Christen durch das Schwert ums Leben. Nachdem diese Blutzeugen so durch das Opfer ihres eigenen Blutes sich das Himmelreich erschlossen hatten, raste nachher noch lange der Sturm der Verfolgung bei den abtrünnigen Sachsen.

7. Weil nun der Mann Gottes sah, daß die Umstände ihm die Predigt des Evangeliums damals nicht gestatteten, so begab er sich auf die Reise, und besuchte Pippin, den König der Langobarden. Dann gelangte er glücklich nach Rom. Dort er-

---

1) 782. — 2) Matth. 10, 23. — 3) Ut-Riustri ist der äußere Theil von Riustri, dem Gau Rustringen, in der Diöcese Bremen, jetzt Rustringerland, im Großherzogthume Oldenburg, an beiden Ufern der Jahde.

4) Laergau, westlich von der Weser, an dem Flusse Hunte.

5) d. h. Ober-Riustri. — 6) Ditmarschen.

schien er vor dem heiligen Stuhle des Apostelfürsten St. Petrus, und empfahl mit Thränen und Flehen sich und die ganze Schaar der Gläubigen inbrünstig und andachtsvoll der Gnade des Herrn. Insbesondere betete er für die, deren Seelenheil ihm am meisten am Herzen lag, damit nicht etwa die in Sachsen eben gepflanzte Christengemeinde durch die Ränke des Teufels ganz wieder vernichtet werden möchte. Von da reiste der Knecht Gottes, vom ehrwürdigen Papste Adrian[1] gar sehr getröstet und gestärkt, freudigen Herzens nach Franken zurück. Auf dieser Reise offenbarte sich an ihm die wunderwirkende Kraft des Herrn. Ein Diener des Gottesmannes nämlich, Aldo, der das Essen besorgte, hatte eine hölzerne Schüssel seines Herrn, die er sorgfältig gereinigt und abgerieben demselben zu Mittage vorzusetzen pflegte. Diese fand er eines Tages zerbrochen. Als nun Willehad um die Essenszeit sie bringen lassen wollte, dachte der Diener nicht daran, seine Nachlässigkeit zu verhehlen, sondern gestand, sie sei zerbrochen. Sogleich befahl der Mann Gottes sie, wie sie wäre, ihm zu bringen. Als aber der Diener wieder an die Stelle kam, wo er sie zerbrochen hatte liegen lassen, fand er sie ganz unversehrt, wie wenn sie nie Schaden genommen hätte. Froh und heiter brachte er sie, und setzte sie vor Willehad hin, nachdem er vorher mit Zittern und Zagen von seinem zürnenden Gebieter eine wohlverdiente Züchtigung zu bekommen befürchtet hatte. Daß nun dies durch die Gnade des Himmels zu Gunsten des frommen Mannes geschehen, ist nicht zu bezweifeln, obwohl er selbst, allem Hochmuthe feind, dies lieber verschwiegen zu halten als bekannt zu machen wünschte.

Nach seiner Rückkehr von der Reise begab sich Willehad nach Afternacha.[2] Dort vereinigten sich seine aus Furcht vor

---

[1] Hadrian I, 772—795. — [2] Epternach, Echternach, ein Kloster St. Willibrords, im ehemaligen Sprengel von Trier, nordöstlich von dieser Stadt.

der Verfolgung zerstreuten Schüler wieder mit ihm. Diese ermunterte und tröstete er voll Güte, und ermahnte sie liebevoll, stets auszuharren in der Treue gegen ihren Herrn und Meister Jesus Christus. Zwei Jahre hatte er sich ungefähr zu Afternacha aufgehalten, als er ein einsames Klausnerleben zu führen beschloß. Auch dann war sein Leben kein gewöhnliches, sondern er las und betete, mitunter aber beschäftigte er sich eifrig mit dem Schreiben. Er schrieb damals die Briefe St. Pauli in einem Bande und sehr viele andere Bücher, welche seine Nachfolger als theure Denkmale der Erinnerung an ihn sorgfältig bewahrten, und welche noch jetzt unbeschädigt daliegen. Auch wurden daselbst manche durch seine Lehre und sein Beispiel von ihm auf bessere Wege gebracht und zum eifrigen Dienste des Herrn ermuntert.

8. Darnach erschien der hochwürdige Diener des Herrn Willehad zum zweiten Male vor König Karl [1], der sich damals gerade in Sachsen in der Veste Eresburch aufhielt, und schilderte demselben seinen brennenden Trieb, den Frieden des Evangeliums zu verbreiten. Er bat den König, ihn damit gnädigst zu beauftragen. Dieser gab ihm zur Unterstützung bei seiner Arbeit und zum Unterhalte für seine Gehülfen die Celle [2] Justina [3] in Franken zu Lehen, und befahl ihm den Sprengel, den er zu bilden begonnen hatte, in Christi Namen wieder aufzusuchen. Er nahm dies mit Dank und frommer Ergebung an, und kam zum zweiten Male nach Wigmodien, wo er allem Volke laut und eifrig die Lehre Christi verkündigte. Auch stellte er die zerstörten Kirchen wieder her, und setzte an jeder einzelnen bewährte Männer ein, den Menschen den Weg des Heiles zu weisen. Und so kam durch Gottes Fügung in demselben Jahre noch das Volk der Sachsen wieder zu dem Christen-

---

[1] Karl war zu Eresburg von Ostern bis Juni 785. — [2] Ein kleines, nicht selbständiges Kloster. — [3] Mont-Jutin in Oberburgund.

glauben, welchen es vorher verloren hatte. Ja selbst Widukind, der Urheber des ganzen Unheils und Anstifter des Abfalles, unterwarf sich in demselben Jahre dem Könige Karl und erlangte die Gnade der Taufe. So wurden für einige Zeit die Uebel, welche durch seine Tücke herbeigeführt waren, beseitigt.

Darauf, als alles zum Frieden gebracht zu sein schien und die Sachsen den trotzigen Nacken unter Christi sanftes Joch, obwohl gezwungen, beugen gelernt hatten, ließ der erwähnte hocherhabene Fürst, während er sich zu Worms aufhielt, den Knecht Gottes Willehad am 13. Juni (787) zum Bischof weihen, und bestellte ihn zum Seelenhirten über Wigmodien, Laras, Riustrien, Asterga[1], Nordendi[2] und Wanga[3], um daselbst in bischöflicher Hoheit die Völker zu leiten und, wie er begonnen, durch heilsame Lehre und ausgezeichnete Werke zu nützen und sorgfältig die Oberaufsicht zu führen. Daher war er der erste Bischof dieser Diöcese. Seine Erhebung zu dieser Würde war darum so lange verschoben worden, weil das der Bekehrung widerstrebende Volk, da es kaum eine kurze Zeit lang gewöhnliche Priester unter sich zu dulden gezwungen werden konnte, von einem Bischof sich durchaus nicht regieren ließ. Aus diesem Grunde wirkte er sieben Jahre vorher in demselben Sprengel nur als Presbyter, doch nannte man ihn Bischof, und so viel es ihm möglich war, verwaltete er alles mit der Vollmacht eines Vorstehers. Nach Empfang der bischöflichen Weihe aber begann er sich in allem noch eifriger zu benehmen und in erhöhetem Maaße die Tugenden zu üben, wodurch er sich bisher schon so verdient gemacht hatte.

9. Von Jugend auf war er nämlich sehr mäßig und diente schon als Kind Gott dem Allmächtigen voll Eifers. Wein und

---

[1] Ostringien im Oldenburgischen, zwischen Rustringien und Wangerland.

[2] Um die Stadt Norden, in dem zum Bremischen Sprengel gehörigen nördlichen Theile Ostfrieslands.

[3] Jetzt Wangerland, im Jeverschen Kreise des Herzogthums Oldenburg.

Meth, sowie alle berauschenden Getränke mied er. Seine Nahrung bestand in Brod und Honig, Gemüse und Obst; denn sowohl des Fleisches als der Milch und der Fische enthielt er sich; außer daß der erwähnte Papst Adrian ihm in seiner letzten Lebenszeit wegen häufiger körperlicher Schwächen befahl Fische zu genießen. Ihm gehorchend, begann er in diesem Stücke etwas weniger strenge gegen sich zu sein. Ferner verging fast kein Tag, ohne daß er die Feier der heiligen Messe mit vielen Thränen und ganz zerknirschtem Herzen beging. Unablässig widmete er sich dem Lesen und Durchforschen der heiligen Schrift. Voll Eifers betrieb er auch das Singen der Psalmen[1], so daß er fast täglich einen, mitunter oft auch zwei, ja drei Psalter absang. Diese und ähnliche gute Werke waren seine Stütze, diese setzten ihn in den Stand, sich der Gemeinde als ein großes Beispiel göttlicher Gnade darzustellen. So war seine Lehre doppelt eindringlich, da er durch sein Beispiel bestätigte, was sein Mund predigte. Der heilige Mann reiste in seinem ganzen Sprengel umher, er befestigte die früher getauften Christen im Glauben, und rührte durch seine Predigt die irrenden Herzen gar vieler, so daß sie den Weg des Heils betraten. Auch erbauete er zu Bremen ein Gotteshaus von wunderbarer Schönheit.[2] Diese Stadt bestimmte er auch zu seinem bischöflichen Sitze. Den Dom weihete er am Sonntage, dem 1. November, (789) zu Ehren unseres Herrn Jesu Christi unter Anrufung des heiligen Petrus.

[1]) Der prächtige lateinische Psalter, welchen Karl der Große dem Papste Hadrian I und dieser dem Willehad schenkte, wurde länger als 800 Jahre in der Domkirche zu Bremen aufbewahrt und alljährlich an hohen Festtagen dem Volke gezeigt. Jetzt ist diese kostbare, auf Pergament, mit großen goldenen Buchstaben geschriebene Handschrift in der Wiener Bibliothek. M. (Wer dieser M. ist, vermag ich nicht zu sagen. Die Richtigkeit dieser Ueberlieferung wird stark bezweifelt, dieser Psalter vielmehr für den von Adam von Bremen III, 44 erwähnten gehalten, s. Dehio, Gesch. d. Erzb. Hamb. I, Anm. S. 53. W.)

[2]) Die Domkirche, welche Willehad von Holz, sein Nachfolger von Steinen aufführte. Adam von Bremen, B. I, Kap. 20.

## Willehads Wirken als Bischof.

10. Kurz hernach aber kam er, (denn, von frommem Eifer getrieben, bereiste er sehr oft seine ganze Diöcese, und suchte durch Gottes Wort gar viele im Glauben zu befestigen), nach einem Orte Namens Pleccateshem.[1] Während seines Aufenthaltes daselbst begann er von einem heftigen Fieber heimgesucht zu werden, dessen Gluth von Tage zu Tage wuchs, so daß seine Schüler, die bei ihm waren, die Hoffnung auf sein Wiederaufkommen aufzugeben begannen. Da trat einer derselben, der mit dem heiligen Manne vertraulicher zu reden gewohnt war, er hieß Egisrik, zu ihm hin, und schilderte ihm weinend und klagend seine Besorgniß in Betreff seines Todes, wies dabei auch hin auf die Gefahr, welcher die ihm anvertraute Gemeinde ausgesetzt sei, wenn sie nun von ihm verlassen wäre, da sie eben erst durch seine Leitung dem Dienste Gottes sich ergeben zu haben schiene. „Scheide doch nicht, ehrwürdiger Priester," sprach Egisrik, „so schnell von denen, die Du erst vor kurzem dem Herrn gewonnen hast; verlasse nicht so früh die Gemeinde, die Geistlichkeit, welche durch Deinen Eifer zusammengebracht sind, damit nicht die an Glauben noch so schwache Heerde den Bissen der Wölfe preisgegeben werde. Beraube uns, Deine demüthigen Schützlinge, nicht Deiner heiligreinen Gegenwart, daß wir nicht umherirren wie Schafe ohne Hirten." Ihm antwortete tief ergriffen der fromme Mann: „Mein Sohn, rufe mich nicht länger ab vom Anschauen meines Herrn und Meisters, schildere mir nicht mit klagenden Worten die Last des zeitlichen Daseins. Ich wünsche hienieden nicht länger zu leben, ich fürchte den Tod nicht; ich bete nur zu Gott, den ich stets von ganzem Herzen geliebt, dem ich mit voller Hingebung gedient habe, daß er mir für meine Anstrengungen voll Güte und Milde einen Lohn ertheilen möge, wie es ihm beliebt. Die Schafe aber, die er mir anvertraut hat, übergebe

---

[1] Blexem oder Blexum an der Weser, unterhalb Vegesack.

ich Seiner Obhut. Seine Kraft hat mich ja auch allein beseelt, wenn ich etwas Gutes habe wirken können. Seine Güte wird euch nicht mangeln, denn alle Lande sind voll Seiner Barmherzigkeit." So richtete also in frommer Ergebung der Mann Gottes stets auf den Himmel seine Blicke, sandte unablässig seine Gebete, seine heißen Wünsche vorauf gen Himmel, und entschlief dann, ein theuerwerther Bekenner des göttlichen Wortes, am Sonntage den 8. November, nach Sonnenaufgang, in Christi Namen. Zu seiner Bestattung eilte von allen Seiten die Bevölkerung herbei. Sie brachten den seligen Vater und Lehrer unter Lobliedern und Hymnen nach dem Bischofsitze zu Bremen, und bestatteten ihn daselbst in der neuen, von ihm selbst erbaueten Kirche[1] mit verdienter Ehre und Feierlichkeit.

11. An dem Orte seines Begräbnisses zeigten viele Wunderzeichen klar und deutlich, daß der heilige Mann zum Streiter Christi in Wahrheit erkoren war. Diese Zeichen und Wunder wurden indeß aus Nachlässigkeit mit Stillschweigen übergangen, und sind nirgends aufgeschrieben, obwohl es nicht wenige gab, welche erklärten, sie wüßten, daß an jenem Orte sich wiederholt Gottes Kraft in Wundern kund gethan habe. Ja, auch als sein Leichnam zur Zeit seines Nachfolgers Willerich rühmlichen Andenkens in die zweite Kirche versetzt wurde, soll der Heilige auch dort gar viele Wunderthaten durch Gott befähigt verrichtet haben, die indeß auch wieder von niemandem aufgezeichnet sind, obwohl viele versichern, daß sie vermittelst wirklicher Wunderkraft bewirkt worden seien. Indeß darf nicht

---

[1] Nämlich in der Peterskirche. Sein Nachfolger Willerich versetzte den Körper Willehads aus der Peterskirche nach einer im Süden beim Dome erbauten Capelle. Anskar führte denselben aber aus dieser in die Mutterkirche des Apostels Petrus zurück. Jene nach Willehad benannte Capelle brannte in der Folge ab, wurde aber vom Erzbischof Unwan wieder aufgeführt. S. Adam von Bremen B. I, Kap. 19. B. II, Kap. 46. Zwischen jener nachher zu einem Hopfenlager benutzten und jetzt zu einer Wohnung und zu einem Weinlager umgebauten Capelle und der Domkirche befindet sich noch der Willhadi=Brunnen. M.

durch Stillschweigen unterdrückt werden, was als zur Verherr=
lichung des Heiligen vom Himmel kundgegeben bis jetzt noch in
der Bremer Kirche sich erhalten hat. Der Stab nämlich, den
er der Sitte gemäß als Bischof zu führen pflegte, war nach
seinem Tode von seinen gläubigen Verehrern in eine Lade nie=
bergelegt worden. Nun traf es sich, daß das Haus, in welchem
diese Lade stand, plötzlich in Brand gerieth, und daß mit dem
Hause zugleich auch die Kiste sammt allem, was darin lag,
gänzlich von den Flammen verzehrt wurde. Dem Stabe selbst
konnte das Feuer durchaus nichts anhaben, sondern er wurde
mitten im Feuer so unversehrt gefunden, daß nicht einmal ir=
gend ein Zeichen, daß er heiß gewesen, zu sehen war. Also
ist Gott der Allmächtige wegen seiner Heiligen zu preisen, da
er auch in den geringsten Dingen den Gläubigen das Verdienst
derselben darthut. Auch etwas anderes noch ereignete sich,
welches gleichfalls zeigte, daß der heilige Mann von großen
Verdiensten vor dem Herrn gewesen sei. Den Becher nämlich,
aus dem er alltäglich dem Herrn in der heiligen Messe zu
opfern pflegte, hatten seine Schüler voll liebender Treue an
einem bestimmten Orte sorglich aufbewahrt. Als aber auch dort=
hin das Feuer eindrang und alles verzehrte, so daß alles, was
aus Metall gearbeitet war, von der Hitze schmolz und zerging,
ward doch der Becher, obwohl er von Silber war, ganz un=
versehrt gefunden. So offenbarte sich denn an ihm die in
Wahrheit wunderbare Kraft des Herrn: weil er hienieden vom
wahren Feuer der Liebe zu Gott entzündet gewesen war, so
hatte auch nach seinem Tode das irdische Feuer keine Gewalt
über das, was er hinterlassen. Denn das Geschöpf ist dem Ge=
bote seines Schöpfers unterworfen; es verliert selbst die ihm
angeborene Kraft, sowie es den Ruf des Gebieters vernimmt,
und es kann, obwohl es sonst die Natur ihm vorschreibt, doch
kein Unheil anrichten, da eines jeglichen Wesens Wirkungskraft

von dem unbegrenzten allmächtigen Willen des Schöpfers ab=
hängt. Es wirkte aber der erkorene Priester Gottes, der fromme
Willehad, als Bischof zwei Jahre, drei Monate und 26 Tage,
worauf er nach wohlvollendetem Lebenslaufe in Segen zum
Herrn einging. Ihm, Gott dem Allgütigen, sei Preis und
Ehre, sei die Kraft und das Reich in alle Ewigkeit! Amen.

---

**Beschreibung der Wunder, welche wegen der Verdienste
des heiligen Willehad in der Kirche zu Bremen geschehen sind.**

Anskar, durch die Gnade Gottes des Allmächtigen, welcher
nach der gnadenreichen Bestimmung seiner Liebe alle Seelen=
hirten und Lehrer in seiner Kirche bestellet, Vorsteher der Kirche
zu Bremen, wünschet der ganzen über den Erdkreis zerstreuten,
in treuer Eintracht lebenden Gemeinde der Gläubigen Frieden
und ewige Seligkeit in Christo Jesu.

Gar vielfach schon hat uns das Beispiel der Väter der
Kirche belehrt, daß wir die durch die wunderbaren Thaten
der Heiligen bezeugte Herrlichkeit des Herrn nicht mit Still=
schweigen übergehen dürfen; denn gar vieles von dem, was
Gott in seiner Liebe von seinen Dienern hienieden hat aus=
führen lassen, haben ja diese erleuchteten Männer mit großem
Eifer schriftlich der Nachwelt überliefert. Sie haben Schil=
derungen hinterlassen, welche nicht nur den frommen Wandel
gottbegabter Männer während ihres Erdenlebens darstellen,
sondern auch den unsterblichen Ruhm derselben im ewigen
Leben, wo sie mit Christo regieren, verkünden. Denn gewiß
lassen doch diejenigen, welche, obwohl sie von hier geschieden
sind, immer noch durch Wunder und verschiedene Gnaden=
wirkungen den Menschen ihre Anwesenheit offenbaren, erkennen,
daß sie zu hoher Würde verherrlicht sind, und machen es den

Herzen der Gläubigen so klar, wie der Tag ist, einleuchtend, wie groß ihr Verdienst bei Gott ist. Aber es ist auch kein geringes Zeichen der wahren katholischen Glaubenstreue, daß, was Gott in seiner Erhabenheit unsichtbar verrichtet, von der gläubigen Christenheit als unzweifelhafte Himmelsthat eben so fest geglaubt wird, als wäre es mit leiblichen Augen erblicket worden. Der gläubige Christ schreibt dem Verdienste der Heiligen die Thaten zu, welche an den Orten geschehen, wo die hochheiligen Ueberreste derselben bewahrt und verehrt werden, weil, wenn es gleich der allgewaltige Gott Israels ist, der seinem Volke Macht und Stärke verleiht, doch Er selbst als wunderbar in seinen Heiligen gepriesen und angebetet wird, in seinen Heiligen, deren Gebete und Verdienste die Ursache sind, daß Gottes Majestät Zeichen und Wunder thut. Doch selbst da nicht allein sieht man die Heiligen Heil bringen, wo sie körperlich durch ihre Asche oder Ueberreste anwesend sind, sondern der Glaube lehrt, daß sie überall, wo sie voll gläubigen Vertrauens bei dem, der allgegenwärtig ist, angerufen werden, vermöge der Macht und Majestät des Schöpfers, der ihre Verdienste lohnt, an jeglichem Orte seines Reiches den Gläubigen Hülfe leisten. Das hat sich bei zahlreichen Gelegenheiten auf das einleuchtendste erwiesen; denn wie mancher, der sich im wüthenden Sturme auf dem Wasser oder sonst in irgend einer Gefahr befand, hat sich nicht, wenn er einen Heiligen anrief, plötzlich vom Himmel errettet gesehen! Folglich ist es unsere Pflicht, es möglichst vielen mitzutheilen, wenn der Herr durch seine Heiligen ein Wunder thut, damit die Nachkommen es im Gedächtniß behalten und dadurch eben so viel an Hoffnung gewinnen, wie jene aus Gnaden an Glauben genossen haben. Daher habe auch ich in aller Demuth, was in unseren Tagen durch Gottes wirkende Kraft zur Darlegung der Verdienste des heiligen Bischofs und Bekenners Willehad geschehen und kund geworden ist, beschreiben zu müssen geglaubt, damit wir, wie wir mit vollem Rechte die durch die Heiligen alter Zeiten geschehenen Wunderthaten preisen, eben so die staunenswerthen Thaten, welche jetzt zu unserer Zeit von dem ersten Bischofe dieser unserer Bremer Kirche wiederum von neuem Leben zeugend ausgeführt sind, mit allen Kräften unseres Herzens aufnehmen und lobpreisen. Denn noch hat der Herr die Seinen, die Er erlöst hat, nicht vergessen, sondern Er hat denen, die unter den unzähligen, von den feindlichen Heiden ihnen drohenden Gefahren beinahe alles Trostes entbehrten, diese Gnade himmlischer Heimsuchung zu Theil werden lassen, damit sie auf Gottes milde Güte mit weit größerem Vertrauen hoffen sollten, wenn sie nämlich erkenneten, daß ein so großer, so gottgeliebter Schutzheiliger nicht blos im Geiste, sondern auch im Körper beständig bei ihnen bleibe; ferner damit sie kein Bedenken trügen, die obwohl verwüstete Heimat wieder zu bewohnen, da sie nicht zweifelten, daß ihres hochheiligen Vaters Verdienste ihnen daselbst helfend zur Seite stünden; daß sie vielmehr frohen Herzens die verlassenen Wohnsitze aufsuchen sollten, welche, wenngleich durch den feindlichen Einfall verödet, doch durch Gottes milde Hand an allen Gütern wieder Ueberfluß haben, und endlich damit sie nicht zweifelten, daß ihnen des Heiligen Schutz beständig nahe sei, des Heiligen, dessen so vielfältige Wunderkraft sie durch Heilungen der verschiedenartigsten Kranken auf das hellste haben leuchten sehen.

2. Es war das Jahr Christi 860, das 28ste des Reiches unseres Herrn, des erhabenen Königs Hludowich, die achte Römerzinszahl, als in der Bremer Kirche vom Himmel Wunder zu geschehen begannen, welche von Tage zu Tage sich vervielfältigten, so daß sich weit und breit durch die Völker hin die Kunde fortpflanzte, daß an jenem Orte die Glorie des Herrn sich in Wahrheit glänzend offenbart habe, und daß die Ver=

Beginn der Wunder.

dienste des heiligen Willehad, der in eben diesem Dome ruhe, auf diese Weise hoch geehrt, wundervolle Blüthen trieben. Da nun dies in vieler Munde war, und sowohl in meiner Gegenwart, als auch ohne daß ich zugegen war, viele Leidende daselbst geheilt zu werden das Glück hatten, so habe ich beschlossen, alle diese Vorfälle nieder zu schreiben und den Nachkommen zu überliefern, damit das ganze Volk der Gläubigen den Herrn, der durch seine Heiligen wirkt, freudigen Herzens mit mir lobpreisen, und damit, wie die Jetztlebenden über jedes Wunder, welches damals geschehen ist, jubelnd dem Allgütigen lobsingen, ebenso auch die zukünftige Gemeinde der Gläubigen die göttliche Macht an dem heiligen Manne dankbar erheben und bewundern möchte. Indem ich nun die Geschichte der Wunder zu entwickeln mich anschicke, will ich zunächst die Zeit angeben, in der sie sich zu ereignen begannen. Es war nämlich nach Pfingsten im erwähnten Jahre Christi, etwa 70 Jahre nach dem Tode des Heiligen, der jedoch auch vor diesem Zeitpunkte vielfach als von Gott werthgehalten erschien, obwohl diese Thatsachen aus Nachlässigkeit in Vergessenheit geriethen und nicht häufig besprochen wurden. Ferner habe ich sowohl die Namen derer, die geheilt sind, als die Krankheit, an der sie litten, und den Ort ihrer Geburt oder ihres Aufenthaltes, wenigstens zum Theil, so weit es möglich war, mit angeführt, damit theils durch um so vielfältigere Nachweisungen die geschehenen Wunderthaten desto mehr beglaubigt werden, theils auch die Einzelnen mit um so andächtigerem Sinne anerkennen mögen, welch eine große Huld des heiligen Mannes sie durch die mit seiner Hülfe vollzogene Heilung ihrer Angehörigen und Nachbarn erfahren haben.

3. Eine Dienstmagd aus Osleveshusun[1] also, Namens Tida, welche sieben Jahre lang blind war, bat einst an einem Sonn-

---

[1] Oslebshausen an der Weser, im Werderland bei Bremen.

abends ihre Herrin, ob sie nicht zur Kirche gehen wollten. Diese antwortete, an dem Tage dürfe sie nicht, aber am nächsten Morgen, einem Sonntage, wollten sie zusammen hingehen. Da aber stand die Magd, sowie der Tag anbrach, auf, und eilte, von einer alten Frau geführt, mit schnellem Schritte in das Gotteshaus, um ihrer Herrin zuvorzukommen. Als sie, daselbst angelangt, betend niederkniete, empfing sie plötzlich ihre verlorene Sehkraft als ein Geschenk aus Gottes Hand zurück. Sowie nun ihre Herrin in das Innere der Kirche eintrat und sie an der Stimme erkannte, daß jene da sei, eilte sie voller Freude auf sie zu und rief aus: „Geliebte Frau, ich danke und preise Gott den Allmächtigen, weil ich durch das Verdienst des heiligen Willehad so glücklich geworden bin, Dich mit meinen Augen sehen zu können." Dieses Ereigniß erzählte die Herrin voll Verwunderung sofort allen Anwesenden und machte, von vielen Zeugen unterstützt, bekannt, daß das Mädchen wirklich das Augenlicht wieder erhalten habe, und so ward dieses Wunder öffentlich im Volke kund zur Verherrlichung Gottes.

4. Ferner kam ein Weib aus dem Lande Emisga[1], Namens Wimod, nachdem sie seit neun Jahren blind gewesen, einst zur Abendzeit in die erwähnte Kirche, betete dort und suchte nach dem Abendgottesdienste das Gasthaus wieder auf, wo sie übernachten wollte. Da ward ihr durch ein Traumgesicht verkündigt, daß sie daselbst für ihr verlorenes Gesicht Heilung finden werde. Da sie nun vom Glauben an die Zuverlässigkeit dieser Zusage, die ihren Wünschen so sehr entsprach, durchdrungen war, so beeilte sie sich sofort in die Kirche zu gehen, rief daselbst die Verdienste des Heiligen von ganzem Herzen an, und erlangte durch die Gnade Gottes den verlorenen Gebrauch ihrer Augen wieder. Auch dies ward zur Ehre des Herrn sofort von vielen bezeugt und weit und breit bekannt.

---

[1] An der Unterems.

5. Darauf wurden am Tage der Geburt St. Johannis des Täufers in Mitten einer sehr großen Volksmenge sieben Sieche von verschiedenen Krankheiten befreit. Obwohl ich es nun nicht für nöthig halte, dieses alles einzeln zu erzählen, so will ich doch zwei von diesen Wunderthaten genauer schildern, damit man daraus auch auf die übrigen zu schließen vermöge. Eine darunter war ein Weib Namens Simod, aus dem nahe bei uns gelegenen Dorfe Liudwineshusun[1]. Diese, die seit drei oder mehreren Monaten des Augenlichtes beraubt gewesen war, erlangte daselbst durch Gottes gnädige Fügung ihre alte Sehkraft wieder. Ein anderes Weib aus dem zur Burg Bremen gehörigen Flecken war gelähmt. Sie hatte sich als Kind beim Feueranzünden den Fuß verbrannt, und, da sie keine ärztliche Hülfe bekam, so hatten sich die Zehen gekrümmt und somit fast den ganzen Fuß in eine verkehrte Lage gebracht. Diese Beschwerde hatte sie viele Tage getragen, bis sich ihr am erwähnten Tage in aller Gegenwart der Fuß und die Gelenke wieder gehörig ausstreckten und sie geheilt wurde.

6. Ferner war eine Frau im Lande Laren, im Dorfe Slutra[2], seit mehreren Jahren gekrümmt; sie konnte nicht anders sich fortbewegen als auf den Händen kriechend, und war durchaus nicht im Stande, in die Höhe zu blicken. Zuletzt war sie durch die Krankheit sogar so geschwächt, daß sie nirgends hin gelangen konnte, wenn sie nicht getragen wurde. Sie hatte auch eine Tochter, welche von Kindheit an blind war. Diese nun brachten ihre Verwandten oder Nachbarn, als sie von der vorhandenen Wunderheilkraft hörten, sammt ihrer Tochter an die Thür des Domes zu Bremen. Als sie nun daselbst niedergelegt und von anderen aufgehoben hineinge-

---

[1] Lullenhusen, jetzt Lunsen an der Weser, südöstlich von Bremen. S. Lappenberg, Geschichtsquellen Bremens. S. 49 und 99.

[2] Schlütter an der Delme, unweit Delmenhorst.

kommen war, ward ihr durch Gottes Barmherzigkeit die doppelte Freude zu Theil, daß sowohl ihre Tochter wieder sehend wurde, als auch sie selbst sich allein wieder fortbewegen und aufrecht blickend auf eignen Füßen nach ihrem Wohnorte zurückwandern konnte.

7. Ebenso kehrten zwei Frauen aus Laren, aus dem Dorfe Falathorp[1], von denen die eine lahm, die andere blind war, als sie an denselben Ort geführt waren, durch Gottes Güte frisch und gesund heim.

8. Auch ein junger Mann aus demselben Lande, aus dem Dorfe Bokkenhusun[2], seit langer Zeit lahm, den man ebendahin gebracht hatte, wurde durch Gottes Fügung wieder ebenso kräftig wie früher, und kehrte gesund nach Hause zurück.

9. Ferner war eine Frau Namens Adsuit, im Lande Ostarburge[3], im Dorfe Baldrikeswich. Diese, die schon lange sehr an einer Lähmung litt, wurde an einem Sonntag ebendahin gefahren. Da waren gerade an dem Tage sieben oder acht an verschiedenen Krankheiten Leidende geheilt, und dies wurde nach der Messe der Gemeinde angezeigt, worauf für die geschehenen Wunderthaten Geistliche und Laien das Lob Gottes in Dankliedern sangen. Plötzlich erhob sich die Adsuit mitten aus der Gemeinde und begann auf den Altar zuzulaufen nach der Stelle hin, wo die anderen geheilten Kranken lagen. Da nun die Umstehenden sich bemüheten sie zurückzuhalten, damit sie sich nicht etwa mitten unter den Chor der singenden Geistlichen hineinstürzen möchte, so erklärte sie eifrig und aufgeregt, sie habe die Weisung erhalten, sich vor den Altar mit den anderen hinzustellen. Es war ihr nämlich so vorgekommen, als ob der Priester, der die Genesung der anderen der Gemeinde verkündigt hatte, auch ihr mit der Hand zugewinkt

---

[1] Falldorf bei Syke. — [2] Bücken an der Weser.
[3] Osterburg an der Weser, um Vlotho und Rinteln.

habe, sie solle aufstehen und mit den anderen an den Altar kommen. Da man nun nach ihrer Krankheit fragte und erfuhr, daß sie gesund war, erhoben alle voll Eifers aufs neue ihre Stimme, priesen zerknirschten Herzens und Freudenthränen vergießend des Höchsten Allmacht und erhoben des hochheiligen Mannes Verdienste um so feuriger, je erwünschter die sogleich sich wiederholende Wunderkraft sich ihnen bewährt hatte.

10. Endlich lebte unter den Waldsaten im Dorfe Willianstedi[1] ein Weib, Namens Ikkia, welche sieben Jahre lang an Blindheit litt. Da nun das Gerücht von den zu Bremen geschehenden Wunderthaten ihr immer häufiger zu Ohren kam, so forderte eine Nachbarin sie auf und sprach: „Warum willst Du's nicht auch einmal mit dem Heiligen versuchen, damit auch Dir die Augen wieder hell und klar werden?" Sie antwortete, das wolle sie sehr gerne, allein ihrem Herzenswunsche stehe nur das im Wege, daß sie keinen Führer habe. Da erwiderte jene: „Nun, wenn Du niemand anders hast, so will ich Dich so gut ich kann dahin führen." Die Blinde nahm dies Anerbieten, da sie sich nicht anders zu helfen wußte, mit dem größten Danke an. Sie waren indeß beide sehr arm. Sie machten sich also, sie beide ganz allein, auf den Weg, und gelangten auch unter Gottes gnädiger Leitung zuletzt in das Heiligthum. Als sie dort voll Andacht beteten, bekam die Blinde plötzlich ihr Gesicht wieder, und wendete sich lächelnd und dankerfüllt zu ihrer Gefährtin hin mit den Worten: „Ach, wie herrlich, wie herrlich ist es, daß ich auf Deinen Rath gehört und die Hülfe des Heiligen gesucht habe; siehe, jetzt sehe ich ebenso klar wie Du das Licht des Himmels." Dieses Ereigniß ward sogleich öffentlich bekannt und erfüllte die Herzen mit hoffnungsvollem Vertrauen auf die göttliche Barmherzigkeit;

---

[1] Wilstedt im Amte Ottersberg, im Bisthum Verden.

denn der Herr ist, wie der Psalmist[1] sagt, hienieden arm und verlassen gewesen. Darum ist er auch selbst des Armen Schutz in der Noth; auch wird er nie aufhören, den Unmündigen und Weisen ein stets bereiter Helfer zu sein. Nachdem sie also das Licht der Augen wieder erhalten hatte, kehrte sie, nun nicht mehr geführt, sondern blos begleitet von ihrer Gefährtin, gesund heim in ihre Hütte, während sie des Herrn Lob unablässig sang und die glücklichen Rathschläge ihrer Genossin voll Dankbarkeit lautpreisend verkündete.

11. In dem eben erwähnten Lande war noch eine andere Frau, welche auch Ikkia hieß. Diese war lange Jahre vom Gürtel an abwärts so gelähmt, daß sie in ihren Gliedern durchaus keine Empfindung hatte und nur mit Hülfe eines Schemels sich fortschiebend sich irgend wohin bewegen konnte. Dieser wurden, als sie in die Kirche zu Bremen kam, durch Gottes Barmherzigkeit ihre Kräfte wieder hergestellt, und sie begab sich auf ihren eigenen Füßen wohin sie wollte.

12. Ein Eingeborener aber, der, weil er dürftig war, umherging und um Almosen bat, war vor kurzem auch in die Kirche des heiligen Alexander[2] gekommen. Er hatte eine blinde Stieftochter, die mit ihm umherging, und litt auch selbst, doppelt heimgesucht, seit langer Zeit an Blindheit. Als sie nun dort verweilten, ereignete es sich vermöge der Verdienste des Heiligen, daß seine Stieftochter in dem einen Auge Sehkraft spürte. Froh über dieses Geschenk, gingen sie weiter, und kamen in den Bremer Dom. Dort warfen sie sich hin zum Gebete, und trugen durch die Vermittelung des heiligen Willehad von ihrer Mühe und Anstrengung reiche Zinsen davon, denn er ward auf beiden Augen wieder sehend, und der Stieftochter

---

[1] Ansgar denkt hier an Psalm 10, 14 und 9, 10. Er citirt aus dem Gedächtnisse und ungenau, da nicht: „er ist arm hinterlassen", sondern: er ist dem Armen hinterlassen" in der lateinischen Bibelübersetzung steht. — [2] zu Wildeshausen.

ward auch das andere Auge wieder gesund. Als dies nun fromme Leute, welche dabei anwesend waren, bezeugten und bekannt machten, gab alles Volk freudig dem Herrn die Ehre.

13. Einst war auch aus dem Lande Nordwidu[1] ein Mann, der, taub und stumm, von Kindheit an von Noth und Elend gequält war, an die Schwelle desselben Märtyrers Alexander gekommen. Da erhielt er wegen der Verdienste des heiligen Alexander das Gehör; als er aber weiter ging und nach Bremen ins Gotteshaus kam, erlangte er von Gottes Güte und Barmherzigkeit durch Vermittelung des heiligen Willehad auch Sprache und Gehör wieder.

14. Desgleichen war die Tochter eines gewissen Fridebern aus dem Lande Laren, aus dem Dorfe Otishusun[2], an allen Gliedern schon seit geraumer Zeit gelähmt. Diese ward in die oftewähnte Kirche geführt, und erduldete daselbst sieben Tage lang das größte körperliche Ungemach; sie war endlich ob der Größe ihrer Schmerzen so gut wie todt; doch aber begann sie zuletzt durch Gottes Gnade minder heimgesucht zu werden und erlangte endlich den früheren Gebrauch ihrer Gliedmaßen und durch das Verdienst des Heiligen ihre völlige Gesundheit wieder. So kehrte sie ins väterliche Haus zurück, an allen Gliedern gesund; das war für die Verwandten und Nachbarn ein wahrhaftes Freudenfest.

15. Bei den Steoringen, im Dorfe Gandrikesarde[3], war eine Frau Herimod zwei Jahre taub; diese kam in den Bremer Dom und erlangte durch das Verdienst des Heiligen das Glück, mit voller Hörkraft versehen wieder nach Hause zu kommen.

16. Ebenso kamen aus dem Lande Laren, dem Dorfe Falathorp zwei Frauen dahin, von denen die eine, Hathaburch, durch Lähmung gekrümmt, die andere, Marcswid, blind war.

---

[1]) Norden in Ostfriesland. — [2]) Diste an der Weser, A. Hoya.
[3]) Ganderkese, westlich von Bremen.

Beide fleheten dort Gott um Hülfe an und kehrten freudigen Herzens völlig geheilt heim.

17. Ferner war zu Wege[1], einem königlichen Dorfe, ein Mädchen, welches lange Zeit an allen Gliedern geschwächt, in seinem ganzen Körper gar keine Kraft mehr hatte. Dieses wurde an das Grab des Heiligen hingeführt, und erhielt durch Gottes reiche Güte sowohl den Gebrauch seiner Kräfte, als einen ganz gesunden Körper wieder.

18. Auch aus Sturmi[2] aus dem Dorfe Ekina war eine Frau Namens Gerswid, welche, nachdem sie lange an Blindheit gelitten, an dem erwähnten Orte das verlorene Augenlicht wieder geschenkt erhielt.

19. In ähnlicher Weise wurde eine Frau aus Stenthorpe[3] nach längerer Blindheit, während sie dem Gebete oblag, mit des Heiligen Hülfe geheilt.

20. Endlich kam aus dem friesischen Dorfe Vestanko[4] ein blinder Mann, Meinrad, dahin, und erhielt den Gebrauch seiner Augen wieder.

21. Im Lande Lari aber im Dorfe Hahtho[5] war ein Weib Namens Reinmuod neun Jahre blind gewesen, als sie durch des Heiligen Fürbitte dort die langersehnte Sehkraft wieder zu erhalten gewürdigt wurde.

22. Aus dem Lande Wihmodien aber aus dem Dorfe Midlistanfadarwurde[6] war ein Mann viele Jahre an der Hand lahm, und wurde dort durch des Herrn Gnade geheilt.

23. Ebenso aus dem Lande Wigmodien, aus dem Dorfe Westristanbeverigiseti[7] war eine Frau Thiadgardis lange blind, die dort wieder sehend wurde.

---

[1]) Kirch-Weihe und Süd-Weihe im Amte Syke, einst in Steoringen, Stift Bremen. — [2]) Gau Sturmi im Bisthum Verden. — [3]) Stendorf, K. Lesum. [4]) Vielleicht Wester-Accum. — [5]) zur Hache A. Bruchhausen. [6]) Misselwaarden im Lande Wursten. — [7]) Westerbeverstedt.

24. In Sturmi aber in dem Dorfe Ekynon war ein gewisser Akko. Dieser war schon vor langer Zeit am Arm verwundet worden. Da ihm nun kein Mittel half, so konnte er den Arm viele Jahre hindurch zu nichts gebrauchen. Der kam dahin, und als er nun weinend darüber klagte sein Leben in Unthätigkeit hinbringen zu müssen, und den Heiligen um Hülfe anflehete, da fühlte er, so fügte es Gottes Güte, zuerst eine geraume Zeit einen quälenden Schmerz in dem Arme, zuletzt aber ward er geheilt und streckte die rechte Hand aus. Alle dankten Gott für seine Heilung; er aber kehrte heim, und nahm, getrieben von dem aus seiner Genesung geschöpften Vertrauen und voll Zuversicht zu Gottes Barmherzigkeit, seine Frau, die schon lange nicht mehr sehen konnte, mit sich in die Kirche nach Bremen. Hier nun begann der Mann, der durch die ihm gewordene Hülfe voll festen Glaubens geworden war, für seine Frau um dieselbe Wohlthat zu flehen, die Frau aber, von ihrem Manne belehrt und ermahnt, betete inbrünstig zum Herrn um gnädige Erhörung, und plötzlich konnte sie, von himmlischem Lichte erfüllt, alles deutlich sehen. Dies ward sogleich im Volke bekannt, und regte sehr zum Glauben an: aller Gemüther wurden im Glauben an Gottes Macht bestärkt, und während Geistlichkeit und Volk wegen ihrer Errettung Lobgesänge ertönen ließen, kehrten sie freudigen Herzens heim, und begannen nun mit um so größerer Lust und Anstrengung zu arbeiten, als sie bedachten, wie manchen Tag sie vorher in unthätiger Muße verloren hatten.

25. Auch in Bezug auf das Land Laren nahmen die schon lange kund gewordenen Wunderthaten Gottes noch immer zu. Ein gewisser Hruodwig aus dem Dorfe Stenbiki[1], der drei Jahre stumm gewesen war, ging hin und bat schweigend den Heiligen um Hülfe, und Gott erbarmte sich seiner, that ihm

---

[1] Steimke bei Barrien, A. Syke.

voller Gnade den Mund auf, und alsbald begann der Genesene die Großthaten des Herrn zu verkünden.

26. Ebenso war im Dorfe Rehteresled[1] eine Frau lange Jahre so von Gicht und Rheumatismus heimgesucht, daß sie sich weder ohne fremde Hülfe im Bette auf die andere Seite legen, noch überhaupt irgend ein Glied ihres Körpers ordentlich gebrauchen konnte. Diese wurde von ihren vom Glauben angeregten Freunden nach dem Grabe des Heiligen hingeschafft, und wie sie nun dort auf einem Tragbette, wie auf einer Leichenbahre unbeweglich, als wäre sie todt, dalag, sprang sie plötzlich auf, stürzte mitten in die Kirche und sang dem Herrn Loblieder; dann aber kümmerte sie sich nicht mehr um ihr Bett, dessen sie nicht mehr bedurfte, sondern sie legte, in Frieden entlassen, ganz dreist auf ihren eigenen Füßen den Weg zurück, auf dem sie hergefahren war.

27. Dann war im Dorfe Buochem[2] im Lande Lohingao[3] eine Frau Namens Siberin durch Krankheit so an allen Gliedern geschwächt, daß sie ganz ohne Kräfte war. Auch sie erlangte durch das Verdienst des Heiligen ihre Gesundheit in vollem Maaße wieder.

28. Gleichfalls aus dem Lande Laren aus Eggrifeshusun war ein Weib von Kindheit an so krüppelig, daß ihr eine Hand zu nichts zu gebrauchen war. Als diese an der heiligen Stätte aus dem Innersten ihres Herzens Gott um Barmherzigkeit anflehete, ward sie plötzlich gesund, schlug frohlockend beide Hände zusammen und sang dem Herrn mit lauter Stimme Jubellieder.

29. Es war aber auch aus Liaftmona[4] eine Magd des verehrungswürdigen Grafen Heriman, welche derselbe mit anderen Mägden in seinem Hause zu Hethas[5] Weberei treiben

---

[1] Rechtenfleth a. d. Weser. — [2] Vielleicht Büchten bei Alden. — [3] Leinegau, Land a. d. Leine. — [4] Lesum a. d. Wümme. — [5] Hesen b. Hoya? Vgl. ob. Nr. 21.

ließ. Während dieses Mädchen dort im Dienste ihres Herrn stand, wurde sie nach Gottes verborgenem, aber gerechtem Rathschlusse, obwohl sie sonst ganz gesund blieb, mit dem Verluste der Sprache heimgesucht. Da sie nun lange von dieser Beschwerde bedrängt wurde und durchaus keinen verständlichen Laut von sich zu geben vermochte, so schenkte der Graf, dessen Herz der Herr mit Mitleid erfüllte, dem Mädchen zum Heile seiner Seele die Freiheit und gestattete der also frei Entlassenen frei in ihre Heimat zurückzukehren. Von ihren Genossinnen geleitet, kam sie nun nach Bremen, und trug auch sofort aus frommem Antriebe Sorge, in die Kirche zu gehen. Durch den Erfolg ward offenbar, was sie in gläubigem Herzen bewegt hatte. Als sie nach der Thür der Kirche hineilte, merkte sie gleich, daß ihr Gottes Barmherzigkeit entgegenkam; denn im Eingange zur Kirche selbst, als sie in die Thür der Vorhalle eintrat, war plötzlich das Band ihrer Zunge gelöst, und sie begann laut aufzuschreien und Gott zu lobsingen. Als aber die Anwesenden sich nach ihrer Geschichte erkundigten, erzählte sie ausführlich und deutlich, was geschehen war, und so ward das geschehene Wunderwerk auch durch das Zeugniß der anderen im Volke bekannt, und vermehrte die Zahl der Verdienste des Heiligen. Das Mädchen aber begab sich von der Kirche in ihr väterliches Haus, wohin sie, da ihr nun Gesundheit und Freiheit zugleich geschenkt war, froh und heiter ging und auch ihre Eltern und Angehörigen mit Freuden über ihre Ankunft und ihr Glück erfüllte.

30. Gleichfalls war aus Bremen ein Mädchen Namens Wige lange stumm und an allen Gliedern lahm, so daß sie ohne fremde Hülfe nirgends hin konnte. Auch diese erlangte durch das Verdienst des Heiligen den Gebrauch ihrer Sprache und aller ihrer Glieder wieder.

31. Darnach ward auch ein Weib aus Upriustri, Namens

Tethildis, welches seit seiner Geburt an der rechten Seite lahm war, dort mit Gottes Hülfe geheilt.

32. Aus dem Dorfe Medemahem[1] im Lande Wigmodi war eine Frau, genannt Ida. Diese war neun Jahre blind, als sie zu Bremen durch Gottes Gnade den vollen Lichtstrom ihrer Augen wieder geschenkt erhielt.

33. Ferner war aus Riustri aus dem Dorfe Scmalonfleet[2] ein Weib, Dislith genannt, welche elf Monate an einem Auge blind war. Diese kam nach Bremen und erfreute sich durch das Verdienst des Heiligen wieder des Lichtes ihrer beiden Augen.

34. Auch aus dem Dorfe Tadighem[3] war ein Mädchen, die Egilmarc hieß; sie war seit vier Jahren lahm. Ihre Eltern brachten sie zu Wagen nach Bremen, zurück aber kehrte sie durch Gottes Gnadenhülfe voll Freuden auf eigenen Füßen.

35. Endlich war eine Frau aus dem Orte Utrothe anderthalb Jahre des Augenlichtes beraubt gewesen, als sie durch die Fürbitte des Heiligen ihre Gesundheit wieder erhielt.

36. Ferner war zu Liastmona ein Mädchen, Namens Hrotgardis, seit vielen Jahren an einem Fuße lahm. Sie ging auf zwei Krücken in den Bremer Dom, und erlangte die Gehkraft des einen Fußes wieder. So merkte sie, daß an jenem Orte die in Wahrheit von Gott gewährte Wunderkraft des Heiligen in voller Wirksamkeit war.

37. Außerdem wurden noch gar viele, die, um ihre Gesundheit wieder zu erlangen, an denselben Ort eilten, durch die Verdienste des heiligsten Bischofs schon unterwegs geheilt. Die Heilungen dieser Kranken wurden dann nur durch die Erzählungen anderer bekannt, weil sie selbst durchaus nicht daran

---

[1] Medhem, ein Hof im Gerichte und Kirchspiel Achim, nahe bei Bierden. S. Register der Einkünfte der Propstei zu Bremen. S. XI.
[2] Schmalenflet a. d. Weser. — [3] Thedinghausen.

dachten den heiligen Ort zu besuchen, wohin sie doch vorher sich aufgemacht hatten, sondern vielmehr, sowie sie mit der Heilung beglückt wurden, noch auf der Straße umkehrten und eilends voller Freuden wieder nach Hause zurückgingen, den Herrn und den heiligen Willehad mit lautem Lobe preisend.

38. Dergleichen aber und manches andere, was indeß gar vielen bekannt ist und im Munde des Volkes lebt, habe ich, damit meine Erzählung nicht zu weitläufig und dadurch den Lesern beschwerlich werde, übergangen.

Den Leichnam des heiligen Willehad aber, welcher schon einmal von seiner ersten Ruhestätte weg nach einem anderen Orte hingeschafft war, habe ich in Gegenwart einer sehr großen Menge von Gläubigen und unzähliger Geistlichen daselbst aufnehmen, auf eine Bahre legen und unter den lauten Dankgesängen der Versammelten, welche Gott und den Heiligen lobpriesen, am Tage seiner Bestattung in dem neuen Dome, den ich damals eingeweihet hatte, beisetzen lassen. Hier in Ehren ruhend, machte er sich darnach in hohem Grade durch unzählige Beweise seiner wunderthätigen Gaben berühmt, und noch wächst von Tage zu Tage durch des Heiligen Verdienst die Menge der Wunderzeichen, die im Dome zu Bremen geschehen. Der Tag seiner Bestattung aber und zugleich seiner Uebertragung ist der achte November. Er wird gefeiert zu Lob und Preis unseres Herrn Jesu Christi, der mit dem Vater und dem heiligen Geiste als der einzige, wahre Gott lebet und regieret von Ewigkeit zu Ewigkeit. Amen.

# Register.

## A.

Adalgard 61.
Adalger, Priester 72.
Adalward 59.
Adam 59.
Addula, Äbtissin 34—37.
Adelburg 63.
Ado 60.
Adrian I. 101. 104.
Adsuit 114.
Aesternaco 23. 26. Afternacha 101. 102. s. Echternach.
Afko 119.
Alachrad, König 95.
Albrich, Bischof von Utrecht 50. 58. 70—72. 74. 83.
Albrich, Vater Gregors 35.
Alchuin, Alkuin 1—26. 58. 67. 68. 73.
Aldo 101.
Alexander, hl. 116. 117.
Almar, Zuydersee 34.
Altfrid, Bischof von Münster 53. 56. 57.
Altsachsen 9. 66.
Aluberht, Chorbischof 47. 66. 67.
Alubert, Priester 58.
Angeln 33. 44. 47. 48. 66. 68. 69. 94. 95.
Anskar 90. 108—123.
Andreas-Zelle 5.
Asterga, Ostringien 103.
Astrache 63. s. Ostergau.
Ating, Priester 58.
Atreban 100.
Attingahem 34.
Avaerhilda 69.

## B.

Baldrikeswich 114.
Bant 75.
Bayern 42. 48.
Beda 8.
Benevent 58. 74.
Benjamin 100.
Beornrad, Erzbischof von Sens 6.
Berahtrich 59.
Bernlef 59. 78—80.
Billerbeki 59. 81. 82. 84.
Blithryda 9.
Bocanna 43.
Bokkenhusun 114.
Bonifatius 33—44. 47. 63. 66. 71. 73. 74. 83. 96.
Boructuarier 9.
Brabant 77.
Bremen 94. 100. 103—123.
Britannien, Brittania 5. 33. 37.
Budica 59.
Buochem 120.
Burghard, Bischof von Würzburg 43.

## C.

Clemens (Willibrord) 9. 12.
Coasfeld 84.
Constantin 99.
Constantinopel 99.

## D.

Dänen 14. 75.
Daventre 69—71.
Dislith 122.
Doccinga, Dokkum 63. 73. Dockynchirica 96.
Dorstadt 42.

## E.

Eboracum, York 67. 68.
Ecgbert, Egbert, Abt 8.
Echternach 20. 22. 23. 26.
Egilmarc 122.
Egisrik 105.
Eichstedt 42.
Eilrat 76.
Eilward 59.
Ekina, Ekynon 118. 119.
Ekkrigeshusun 120.
Emisga 75. 112.
Emmig, Graf 100.
Eresburg 102.
Erpesford, Erfurt 40.
Europa 99.

## F.

Falathorp 114. 117.
Federitga 75.
Fehta, Vecht 34.
Felisa 34.
Fivilga 75.
Fleo 74.
Folcard, Priester 100.
Fosite 14. 75.

Fositesland 14. 59. 75.
Francien, Franken 8—11. 16. 17. 25. 33. 34. 37. 39—45. 48. 61. 62. 67. 69. 77. 99. 101. 102.
Fresien, Fresonen, Friesen, Friesland 8—10. 13. 14. 17. 21. 34. 42. 47. 48. 55. 58. 60. 62. 63. 68. 71—81. 95. 96. 99. 100. 118.
Frideshlar, Fritzlar 40.
Fridibern 117.
Fulda 43.

## G.

Gallien 45. 68.
Gandrikesarde 117.
Gebbo 34.
Gemberht 34.
Gerbald 59.
Gerfrid, Bischof von Münster 58. 84.
Germanen 8.
Gerswid 118.
Gerwal 100.
Gravalinga 10.
Gregor I. 43. 57.
Gregor II. 43.
Gregor III. 43.
Gregor von Utrecht 29—51. 66—70. 72. 83.
Grimoald, Hausmeier 61.

## H.

Haddo, Propst 72.
Hahtho 118.
Hathaburch 117.
Hehstedi, Eichstedt 42.
Heidenheim 42.
Helewyret 78.

Helgoland 14. 15. 59. 75.
Herbert 74.
Heriburga 58. 80.
Heriman, Graf 120.
Herimod 117.
Hessen 34. 39. 40.
Hethas 120.
Hewald 9.
Heyligelo 19.
Hibernien 8. 9.
Hildibald von Köln 77.
Hildigrim, Bischof 58. 64. 74. 85.
Hildirad 59.
Hleri 82.
Hludowich (der Deutsche) 110.
Hofschule 35.
Hostraga 96. s. Ostergau.
Hrenus 10.
Hrotgardis 122.
Hruodwig 119.
Hrypen (Ripon) 7.
Hugmerthi 75.
Huilpa 69.
Humarcha 96.
Humber 5.
Hunusga 75.

## J.

Ida 122.
Iffia 115. 116.
Inlittore 9.
Jona 8.
Joseph 58. 73.
Irland 8. 9.
Irminger 59.
Isla 69.
Italien 50.
Justina 102.

## K.

Kaiserswerth 9.
Karl (Martell) 17. 24. 25. 33. 39. 40. 62.
Karl (der Große) 24. 25. 67. 71. 75—77. 83. 85. 98—100. 102. 103.
Karlmann, Hausmeier 33. 40. 41.
Kindertödtung 63.
Koeln 9. 71.

## L.

Labeki, Lauwers 75. Lagbeki 42. Lowefe 96.
Lade 82.
Landrich 76.
Langobarden 100.
Laras, Laren 90. 103. 113. 117. 119. 120.
Leo III. 99.
Leri 100.
Liafburga 58. 63. 64.
Liafwin 58. 69—71.
Liastmona 120. 122.
Liudger, Bischof v. Münster 29—85.
Lohingao 120.
Looswerfen 15. 97.
Lotusa 77.
Lowefe 96. s. Labeki.
Liudwineshusun 113.
Lullus 42.

## M.

Mainz 41. 42.
Marchelm 44. 46. 69. 72. 78.
Marcswid 117.
Marcwin 44.
Medemahem 122.
Megingod, Bischof von Würzburg 42.

Meinrad 118.
Meinsuit 78.
Midlistantadarwurde 118.
Mimigernaefor 76. Mimigerneford 85.
Montecassino 74.
Mordsuit 59.
Mosel 34.
Münster 53. 76 ff. 85.

**N.**

Nordendi 103.
Nordgau 44.
Nordmannen 59. 80. 81. 83.
Nordwidu 117.
Northumberland (Northarhumbrana provincia) 5. 94.
Nothgrim 61. 62.
Nothrad 63.
Nottuln 58.

**O.**

Ocean 5.
Oeren 23.
Ongendus 14.
Osleveshusun 111.
Osbert 59.
Ostarburge 114.
Ostergau in Westfriesland, Astrache 63. Ostrache 71. Hostraga 96.
Ostfranken 42.
Otishusun 117.

**P.**

Palatiolum 34.
Pippin der Mittlere 8—11. 16. 17. 58. 62.
Pippin der König 24. 25. 33. 34. 40—42. 47.
Pippin, K. von Italien 100.

Pleccateshem 105.
Putul 68.

**R.**

Rabbod, Rathbed, Radbod, Friesenfürst 8. 10. 13. 15—17. 58. 60—62.
Rehteresled 120.
Reinmuod 118.
Rhein 9. 10. 34.
Ricbert 59.
Riustri 103. 122.
Rom 9. 11. 12. 43. 68. 74. 99. 100.

**S.**

Sachsen 48. 59. 69. 70. 74. 76. 77. 95. 98—103.
Sachsen, in England 5.
Schotten 5. 8.
Schwaben 48.
Scmalonsleet 122.
Sergius I. 9. 11. 12.
Siberin 120.
Sigibod 67.
Sigiburga 59.
Simod 113.
Slutra 113.
Stenbiki 119.
Stenthorpe 118.
Steoringen 117.
Stephan II. 46.
Sturmi, Abt 43.
Sturmi, Gau 118. 119.
Suabsna 62.
Sudtergoe 76.
Suestra 18.
Swidbert 9.

**T.**

Tadighem 122.
Tethildis 122.

Thiatbald, Priester 58.
Thiatbracht, Priester 72.
Thiadbracht, Bruder der Adelburg 63.
Thiadgardis 118.
Thiadgrim 61. 63. 65. 67.
Thiadulf 59.
Thiatmaresgaho 100.
Thrianta 97.
Thüringer 34. 37—40. 50.
Tida 111.
Trajectum (Utrecht) 9. 10. 17. 42. 47. 62. 66. 72.
Trier 23. 34.
Turonis, Tours 67.

## U.

Ubriustri 100.
Unno 76.
Upriustri 121.
Utrecht s. Trajectum.
Utriustri 100.
Utrothe 122.

## V.

Vestanko 118.

## W.

Waldsaten 115.
Walichrum 18.
Wanga 103.
Warmund 59.
Wege 118.

Werden, Werthina 53. 57. 75. 85.
Wershem 79.
Werthina in Friesland 80. 85.
Westfristanbeverigisete 118.
Wicberct, Wictbert 8.
Widukind 58. 74. 100. 103.
Wigbert von Fritzlar 43.
Wige 121.
Wigmodien, Wihmodien 98—100. 102. 103. 118. 122.
Wildeshausen 116. 117.
Wilgils 5—7.
Willehad 87—123.
Willerich, Bischof 106.
Willianstedi 115.
Willibald 42.
Willibracht 63.
Willibrord 5—26. 47. 62. 63. 69. 76.
Wiltaburg 9. 47.
Wilten 9.
Wimod 112.
Winfrid 43.
Winnibald 42.
Wirzeburg 42.
Worms 103.
Wrissing, Wurssing 58—63.
Wyrde 34.
Wyscwyrd 79.

## Y.

York 67. 68.

---

Druck von Pöschel & Trepte in Leipzig.